CODE

DE COMMERCE.

TROYES, IMPRIMERIE DE CARDON.

CODE
DE COMMERCE

COLLATIONNÉ SUR LE TEXTE OFFICIEL,

ANNOTÉ

DE

LA CONFÉRENCE

DES ARTICLES DES CODES ENTRE EUX, ET DE NOTES DANS LESQUELLES ON RAPPORTE LES LOIS, DÉCRETS, ORDONNANCES, AVIS DU CONSEIL D'ÉTAT, QUI ABROGENT, MODIFIENT OU EXPLIQUENT LES TEXTES :

PAR

BOURGUIGNON,

Ancien Conseiller à la Cour royale de Paris, auteur de la Jurisprudence des Codes criminels, etc.

NOUVELLE ÉDITION,

Dans laquelle on a substitué la Loi du 28 mai 1838, promulguée le 8 juin, contenant la nouvelle rédaction du livre III du Code de Commerce sur les FAILLITES ET BANQUEROUTES, à l'ancien texte de ce livre conservé dans un *Appendice*.

PARIS,

chez les Éditeurs,

B. WARÉE, au Palais de Justice;
G. THOREL, place du Pantheon, 4;
JOUBERT, rue des Grés, 14;
VIDECOQ, place du Pantheon, 6.

JUILLET 1838.

CODE DE COMMERCE.[1]

LIVRE PREMIER.

DU COMMERCE EN GÉNÉRAL.

(Tit. Ier. — VII. Loi décrétée le 10 septembre 1807, promulguée le 20. — Tit. VIII. Loi décrétée le 11, promulguée le 21.)

TITRE PREMIER.

DES COMMERÇANS.

Article premier. Sont commerçans ceux qui exercent des actes de commerce, et en font leur profession habituelle. (Co. *Leurs livres*, 8 s.; *Fonctions incompat.*, 85; *Acte de comm.*, 631 s., 638.)[2]

2. Tout mineur émancipé, de l'un et de l'autre sexe, âgé de dix-huit ans accomplis, qui voudra profiter de la faculté que lui accorde l'article 487 du Code civil, de faire le commerce, ne pourra en commencer les opérations, ni être réputé majeur, quant aux engagemens par lui contractés pour faits de commerce, 1° s'il n'a été préalablement autorisé par son père, ou par sa mère, en cas de décès, interdiction ou absence du père, ou, à défaut du père et de la mère, par une délibération du conseil de famille, homologuée par le tribunal civil; 2° si, en outre, l'acte d'autorisation n'a été enregistré et affiché au tribunal de commerce du lieu où le mineur veut établir son domicile. (Co. 6. — *Lett. de ch.* 114. — C. *Puiss. patern.*, 372; *Émancip.*, 478 s.; *Restitut.*, 1125, 1308.)[3]

3. La disposition de l'article précédent est applicable aux mineurs même non commerçans, à l'égard de tous les faits qui sont déclarés

[1] *Loi* 15 septembre 1807, qui fixe l'époque à laquelle le Code de commerce sera exécutoire.

Art. 1er. Les dispositions du Code de commerce ne seront exécutées qu'à compter du 1er janvier 1808.

2. A dater dudit jour, 1er janvier 1808, toutes les anciennes lois concernant les matières commerciales sur lesquelles il est statué par ledit Code sont abrogées.

[2] V. *Loi* 1er brumaire an VII sur les Patentes.

[3] V. *Loi* 17 avril 1832, Contrainte par corps.

faits de commerce par les dispositions des articles 632 et 633. (Co. 114.)

4. La femme ne peut être marchande publique sans le consentement de son mari. (Co. 5, 7.—*Contrat de mariage*, 67 s.—C. *Incapable*, 217, 224, 1125.)

5. La femme, si elle est marchande publique, peut, sans l'autorisation de son mari, s'obliger pour ce qui concerne son négoce; et, audit cas, elle oblige aussi son mari, s'il y a communauté entre eux.

Elle n'est pas réputée marchande publique, si elle ne fait que détailler les marchandises du commerce de son mari; elle n'est réputée telle que lorsqu'elle fait un commerce séparé. (Co. 7, 65, 67 s. — C. 220, 1125, 1400.)

6. Les mineurs marchands, autorisés comme il est dit ci-dessus, peuvent engager et hypothéquer leurs immeubles.

Ils peuvent même les aliéner, mais en suivant les formalités prescrites par les articles 457 et suivans du Code civil. (Co. 2; *Lett. de ch.*, 114.—C. *Aliéner*, 457 s., 460, 484, 487.—Pr. 954 s.—C. *Engager*, 2084; *Hypothéquer*, 2126.)

7. Les femmes marchandes publiques peuvent également engager, hypothéquer et aliéner leurs immeubles.

Toutefois leurs biens stipulés dotaux, quand elles sont mariées sous le régime dotal, ne peuvent être hypothéqués ni aliénés que dans les cas déterminés et avec les formes réglées par le Code civil. (Co. 4 s.; *Contrat de mar.*, 65, 67.—C. *Autorisat.*, 217, 223, 1538, 1558, 2124 s.)

TITRE DEUXIÈME.

DES LIVRES DE COMMERCE. [1]

8. Tout commerçant est tenu d'avoir un livre-journal qui *présente*, jour par jour, ses dettes actives et passives, les opérations de son commerce, ses négociations, acceptations ou endossemens d'effets, et généralement tout ce qu'il reçoit et paie, à quelque titre que ce soit; et qui *énonce*, mois par mois, les sommes employées à la dépense de sa maison : le tout indépendamment des autres livres usités dans le commerce, mais qui ne sont pas indispensables.

[1] Extrait de la *Loi* 20 juillet 1837.

Art. 4. A dater du 1er janvier 1838, il sera ajouté trois centimes additionnels au principal de la contribution des patentes, pour tenir lieu du droit du timbre des livres de commerce, qui en seront alors affranchies. Aucune partie de ces centimes additionnels n'entrera dans le calcul de la portion du droit des patentes qui est attribuée aux communes.

(Cette mesure est générale et doit frapper tous ceux qui sont soumis au droit de patente. *Rapport.*)

Il est tenu de mettre en liasse les lettres missives qu'il reçoit, et de copier sur un registre celles qu'il envoie. (Co. 10 s., 102; *Banqueroute*, 586 s. — C. 1785. — P. 411.)

9. Il est tenu de faire, tous les ans, sous seing privé, un inventaire de ses effets mobiliers et immobiliers, et de ses dettes actives et passives, et de le copier, année par année, sur un registre spécial à ce destiné. (Co. *Communication*, 14.)

10. Le livre-journal et le livre des inventaires seront paraphés et visés une fois par année.

Le livre de copie de lettres ne sera pas soumis à cette formalité.

Tous seront tenus par ordre de dates, sans blancs, lacunes ni transports en marge.

11. Les livres dont la tenue est ordonnée par les articles 8 et 9 ci-dessus, seront cotés, paraphés et visés soit par un des juges des tribunaux de commerce, soit par le maire ou un adjoint, dans la forme ordinaire et sans frais. Les commerçans seront tenus de conserver ces livres pendant dix ans. (Co. 84.)

12. Les livres de commerce, régulièrement tenus, peuvent être admis par le juge pour faire preuve entre commerçans pour faits de commerce. (Co. *Représentation des livres*, 8, 14 s.; *Refus*, 17. — C. *Quand font-ils preuve*, 1329, 1330.)

13. Les livres que les individus faisant le commerce sont obligés de tenir, et pour lesquels ils n'auront pas observé les formalités ci-dessus prescrites, ne pourront être représentés ni faire foi en justice, au profit de ceux qui les auront tenus; sans préjudice de ce qui sera réglé au livre *des Faillites et Banqueroutes*. (Co. 17, 586, *n*° 1, 591.)

14. La communication des livres et inventaires ne peut être ordonnée en justice que dans les affaires de succession, communauté, partage de société, et en cas de faillite. (Co. *Faillite*, 438 s., 471.)

15. Dans le cours d'une contestation, la représentation des livres peut être ordonnée par le juge, même d'office, à l'effet d'en extraire ce qui concerne le différend. (Co. 12 s., 17.)

16. En cas que les livres dont la représentation est offerte, requise ou ordonnée, soient dans des lieux éloignés du tribunal saisi de l'affaire, les juges peuvent adresser une commission rogatoire au tribunal de commerce du lieu, ou déléguer un juge de paix pour en prendre connaissance, dresser un procès-verbal du contenu, et l'envoyer au tribunal saisi de l'affaire. (Pr. 1035.)

17. Si la partie aux livres de laquelle on offre d'ajouter foi, refuse de les représenter, le juge peut déférer le serment à l'autre partie. (Co. 11, 12, 14. — C. 1366, s. — Pr. 120 s.)

TITRE TROISIÈME.

DES SOCIÉTÉS.

SECTION Ire.

Des diverses Sociétés, et de leurs Règles.

18. Le contrat de société se règle par le droit civil, par les lois particulières au commerce, et par les conventions des parties. (**C.** 1832 s., 1738.)

19. La loi reconnait trois espèces de sociétés commerciales :

La société en nom collectif,

La société en commandite,

La société anonyme. (**Co.** 47 s.)

20. La *société en nom collectif* est celle que contractent deux personnes ou un plus grand nombre, et qui a pour objet de faire le commerce sous une raison sociale. (**Co.** 39, 41 s., 46.)

21. Les noms des associés peuvent seuls faire partie de la raison sociale. (**Co.** 23, 25.)

22. Les associés en nom collectif indiqués dans l'acte de société, sont solidaires pour tous les engagemens de la société, encore qu'un seul des associés ait signé, pourvu que ce soit sous la raison sociale. (**Co.** 26. — **C.** 1862 s.)

23. La *société en commandite* se contracte entre un ou plusieurs associés responsables et solidaires, et un ou plusieurs associés simples bailleurs de fonds, que l'on nomme *commanditaires* ou *associés en commandite.*

Elle est régie sous un nom social, qui doit être nécessairement celui d'un ou plusieurs des associés responsables et solidaires. (**Co.** 26 s., 38 s., 41 s., 46.) [1]

24. Lorsqu'il y a plusieurs associés solidaires et en nom, soit que tous gèrent ensemble, soit qu'un ou plusieurs gèrent pour tous, la société est, à la fois, société en nom collectif à leur égard, et société en commandite à l'égard des simples bailleurs de fonds.

25. Le nom d'un associé commanditaire ne peut faire partie de la raison sociale. (**Co.** 21, 23.)

26. L'associé commanditaire n'est passible des pertes que jus-

[1] Toutes sociétés pour la course sont réputées en commandite, s'il n'y a conventions contraires. *Arrêté* 2 prairial an XI, *tit.* 1, *art.* 1,

qu'à concurrence des fonds qu'il a mis ou dû mettre dans la société. (Co. 23, 27 s., 33.—C. 1862 s.)

27. L'associé commanditaire ne peut faire aucun acte de gestion, ni être employé pour les affaires de la société, même en vertu de procuration. (Co. 23, 25, 28.)

28. En cas de contravention à la prohibition mentionnée dans l'article précédent, l'associé commanditaire est obligé solidairement, avec les associés en nom collectif, pour toutes les dettes et engagemens de la société. [1]

29. La *société anonyme* n'existe point sous un nom social : elle n'est désignée par le nom d'aucun des associés. (Co. 30 s., 37, 40, 45.) [2]

30. Elle est qualifiée par la désignation de l'objet de son entreprise.

31. Elle est administrée par des mandataires à temps, révocables, associés ou non associés, salariés ou gratuits.

32. Les administrateurs ne sont responsables que de l'exécution du mandat qu'ils ont reçu.

Ils ne contractent, à raison de leur gestion, aucune obligation personnelle ni solidaire relativement aux engagemens de la société. (C. 1984.)

33. Les associés ne sont passibles que de la perte du montant de leur intérêt dans la société.

34. Le capital de la société anonyme se divise en actions et même en coupons d'actions d'une valeur égale. (Co. 35 s.) [3]

35. L'action peut être établie sous la forme d'un titre au porteur. Dans ce cas, la cession s'opère par la tradition du titre.

[1] 17 mai 1809 : *Avis du C. d'État* en interprétation des articles 27 et 28.

Le Conseil d'État qui, en exécution du renvoi ordonné par S. M., a entendu le rapport de la section de l'Intérieur sur celui du ministre de ce département, tendant à faire décider si la défense portée aux art. 27 et 28 du C. de comm. aux associés commanditaires, de faire aucun acte de gestion des affaires de la société en commandite, sous peine d'être obligés solidairement, s'applique aux transactions commerciales réciproques étrangères à la gestion de la maison commandite,

Est d'avis que les art. 27 et 28 du Code de commerce ne sont applicables qu'aux actes que les associés commanditaires feraient en représentant comme gérans la maison commandite, même par procuration, et qu'ils ne s'appliquent pas aux transactions commerciales que la maison commandite peut faire pour son compte avec le commanditaire, et réciproquement le commanditaire avec la maison sommandite, comme avec toute autre maison de commerce.— V. art. 37, *l'avis du Conseil d'État*, sur les Tontines.

[2] *Lois* et *statuts* sur la banque de France, 24 germinal an XI, 25 vendémiaire an XII, 22 avril 1806, 16 janvier, 18 mai 1808.

[3] L'adjudicataire des actions d'une société ne peut, par une clause de l'adjudication, être dispensé du paiement des dettes de la société. *Ar. de Cas.*, 23 vendémiaire an VIII.—Les actions ou intérêts dans une société ou entreprise pour l'exploitation des mines sont réputés meubles conformément à l'art. 529 du Code civil. *Loi* 1er avril 1810, *art.* 8.

36. La propriété des actions peut être établie par une inscription sur les registres de la société.

Dans ce cas, la cession s'opère par une déclaration de transfert inscrite sur les registres, et signée de celui qui fait le transport ou d'un fondé de pouvoir.

37. La société anonyme ne peut exister qu'avec l'autorisation du Roi, et avec son approbation pour l'acte qui la constitue; cette approbation doit être donnée dans la forme prescrite pour les règlemens d'administration publique. (**Co.** 29 s., 40, 45.) [1]

38. Le capital des sociétés en commandite pourra être aussi divisé en actions, sans aucune autre dérogation aux règles établies pour ce genre de société. (**Co.** 34 s.)

39. Les sociétés en nom collectif ou en commandite doivent être constatées par des actes publics ou sous signature privée, en se conformant, dans ce dernier cas, à l'article 1325 du Code civil. (**Co.** 20, 23, 41 s.; *Secùs*, 49. — **C.** *Preuves écrites*, 1325, 1341, 1347, 1834.)

[1] 1er avril 1809. *Avis du C. d'État* sur les Associations de la nature des Tontines — V. *Déc.* du même jour, et 15 octobre 1809; *Ord.* 14 novembre 1821.

Considérant qu'une association de la nature des tontines sort évidemment de la classe commune des transactions entre citoyens, soit que l'on considère la foule de personnes de tout état, de tout sexe et de tout âge qui y prennent ou qui y peuvent prendre des intérêts, soit que l'on considère le mode dont ces associations se forment, mode qui ne suppose entre les parties intéressées, ni ces rapprochemens, ni ces discussions si nécessaires pour caractériser un consentement donné avec connaissance, soit que l'on considère la nature de ces établissemens, qui ne permet aux associés aucun moyen efficace et réel de surveillance, soit enfin que l'on considère leur durée toujours inconnue, et qui peut se prolonger pendant un siècle;

Qu'une association de cette nature ne peut par conséquent se former sans une autorisation expresse du souverain qui la donne sur le vu des projets de statuts de l'association, et qui lui impose des conditions telles, que les intérêts des actionnaires ne se trouvent compromis ni par l'avidité, ni par la négligence, ni par l'ignorance de ceux à qui ils auraient confié leurs fonds, sans aucun moyen d'en suivre et d'en vérifier l'emploi, sur la foi de promesses presque toujours fallacieuses;

Que l'expérience n'a que trop démontré les conséquences funestes de l'oubli de ces maximes, et du défaut d'une autorisation spéciale donnée par le gouvernement; que dans la tontine *Lafarge*, par exemple, ce défaut d'autorisation spéciale, et de toutes mesures contre les abus, a laissé les actionnaires sans défense, et la gestion sans surveillance réelle,

Est d'avis, 1° qu'aucune association de la nature des tontines ne peut être établie sans une autorisation spéciale donnée par Sa Majesté, dans la forme des règlemens d'administration publique;

2° Qu'à l'égard de toutes les associations de cette nature qui existeraient sans autorisation légale, il n'y a pas un moment à perdre pour suppleer à ce qu'on aurait dû faire dans le principe;

Qu'il est par conséquent urgent de leur donner un mode d'administration qui calme toute inquiétude de la part des actionnaires, soit par le choix d'administrateurs faits pour réunir toute leur confiance, soit par la régularité et la publicité des comptes;

Qu'en ce qui regarde les difficultés qui pourraient s'élever au sujet de la gestion et comptabilité des administrateurs, jusqu'à ce jour, on ne pourrait rien faire de plus avantageux aux intéressés, que d'en soumettre le jugement à des magistrats dont les lumières garantiraient une justice entière à toutes les parties;

Que le bienfait d'une pareille mesure ne pourrait être contesté que par ceux qui auraient intérêt à la prolongation des abus, ou par ceux qui, voulant les arrêter, auraient spéculé sur les avantages qu'ils pourraient retirer d'une administration nouvelle dont ils feraient partie.

40. Les sociétés anonymes ne peuvent être formées que par des actes publics. (Co. 29 s., 37, 45 s.)

41. Aucune preuve par témoins ne peut être admise contre et outre le contenu dans les actes de société, ni sur ce qui serait allégué avoir été dit avant l'acte, lors de l'acte ou depuis, encore qu'il s'agisse d'une somme au-dessous de cent cinquante francs. (Co. 39.— C. 1341, 1834.)

42. (*Ainsi modifié : Loi du* 31 *mars* 1833.) L'extrait des actes de société en nom collectif et en commandite, doit être remis, dans la quinzaine de leur date, au greffe du tribunal de commerce de l'arrondissement dans lequel est établie la maison du commerce social, pour être transcrit sur le registre, et affiché pendant trois mois dans la salle des audiences.

Si la société a plusieurs maisons de commerce situées dans divers arrondissemens, la remise, la transcription et l'affiche de cet extrait, seront faites au tribunal de commerce de chaque arrondissement.

Chaque année, dans la 1re quinzaine de janvier, les tribunaux désigneront, au chef-lieu de leur ressort, et, à leur défaut, dans la ville la plus voisine, un ou plusieurs journaux où devront être insérés dans la quinzaine de leur date, les extraits d'acte de société en nom collectif ou en commandite, et régleront le tarif de l'impression de ces extraits.

Il sera justifié de cette insertion par un exemplaire du journal, certifié par l'imprimeur, légalisé par le maire et enregistré dans les trois mois de sa date. [1]

Ces formalités seront observées, à peine de nullité à l'égard des intéressés ; mais le défaut d'aucune d'elles ne pourra être opposé à des tiers par les associés. (Co. 20, 23, 39 s., 45, 46, 64; *Secùs,* 49 s.) [2]

43. L'extrait doit contenir,

Les noms, prénoms, qualités et demeures des associés autres que les actionnaires ou commanditaires,

La raison de commerce de la société,

La désignation de ceux des associés autorisés à gérer, administrer et signer pour la société,

[1] Le 4e et le 5e alinéa ont été ajoutés à l'ancien art. en vertu de la loi du 31 mars 1833.

[2] 12 février 1814. *Décret* concernant les extraits d'actes de société dont l'affiche est ordonnée par l'art. 42 du Code de commerce,

Art. 1er. Indépendamment de l'affiche ordonnée par l'art. 42 du Code de Commerce, et dans le délai y mentionné et sous les mêmes peines, tout extrait d'acte de société, conformément à l'art. 43 du même Code, sera inséré dans les affiches judiciaires et dans le journal du commerce du département de la Seine.

2. Pareille insertion aura lieu pour tous les changemens qui pourront être faits pendant la durée de la société, soit par la retraite d'un ou de plusieurs associés, soit par les nouvelles conventions qu'ils peuvent faire entre eux pendant la durée de l'association.

Les formalités prescrites par les deux articles ci-dessus, seront également observées dans les autres départemens, et les insertions faites dans les affiches judiciaires et les journaux de commerce du département où les tribunaux de commerce seront placés.

Le montant des valeurs fournies ou à fournir par actions ou en commandite,

L'époque où la société doit commencer, et celle où elle doit finir.

44. L'extrait des actes de société est signé, pour les actes publics, par les notaires, et pour les actes sous seing privé, par tous les associés, si la société est en nom collectif, et par les associés solidaires ou gérans, si la société est en commandite, soit qu'elle se divise ou ne se divise pas en actions.

45. L'ordonnance du Roi qui autorise les sociétés anonymes, devra être affichée avec l'acte d'association et pendant le même temps. (**Co.** 29 s., 37, 40, 42.)

46. Toute continuation de société, après son terme expiré, sera constatée par une déclaration des coassociés.

Cette déclaration, et tous actes portant dissolution de société avant le terme fixé pour sa durée par l'acte qui l'établit, tout changement ou retraite d'associés, toutes nouvelles stipulations ou clauses, tout changement à la raison de société, sont soumis aux formalités prescrites par les articles 42, 43 et 44.

En cas d'omission de ces formalités, il y aura lieu à l'application des dispositions pénales de l'article 42, *dernier* [1] alinéa. (**Co.** 20, 23, 39 s., 42, 49, 50.)

47. Indépendamment des trois espèces de sociétés ci-dessus, la loi reconnaît les *associations commerciales en participation.* (**Co.** 19 s., 48 s.)

48. Ces associations sont relatives à une ou plusieurs *opérations de commerce;* elles ont lieu pour les objets, dans les formes, avec les proportions d'intérêt et aux conditions convenues entre les participans.

49. Les associations en participation peuvent être constatées par la représentation des livres, de la correspondance, ou par la preuve testimoniale, si le tribunal juge qu'elle peut être admise. (**Co.** 109; *Secùs,* 39 s.)

50. Les associations commerciales en participation ne sont pas sujettes aux formalités prescrites pour les autres sociétés. (**Co.** 39 s., 42 s., 46.)

SECTION II.

Des Contestations entre Associés, et de la Manière de les décider.

51. Toute contestation entre associés, et pour raison de la société, sera jugée par des arbitres. (**Co.** 62. — **Pr.** 1005 s.)

[1] Au lieu de *troisième* alinéa. (*Loi* 31 mars 1833.)

52. Il y aura lieu à l'appel du jugement arbitral ou au pourvoi en cassation, si la renonciation n'a pas été stipulée. L'appel sera porté devant la cour royale. (**Co**. 63. — **Pr**. 1010, 1023.)

53. La nomination des arbitres se fait

Par acte sous signature privée,

Par un acte notarié,

Par acte extrajudiciaire,

Par un consentement donné en justice. (**Co**. 55. — **Pr**. 1005 s.)

54. Le délai pour le jugement est fixé par les parties, lors de la nomination des arbitres; et, s'ils ne sont pas d'accord sur le délai, il sera réglé par les juges. [1]

55. En cas de refus de l'un ou de plusieurs des associés de nommer des arbitres, les arbitres sont nommés d'office par le tribunal de commerce. (**Co**. 53. — **Pr**. 1012.)

56. Les parties remettent leurs pièces et mémoires aux arbitres, sans aucune formalité de justice. (**Pr**. 1016.)

57. L'associé en retard de remettre les pièces et mémoires, est sommé de le faire dans les dix jours. (**Pr**. 1009.)

58. Les arbitres peuvent, suivant l'exigence des cas, proroger le délai pour la production des pièces.

59. S'il n'y a renouvellement de délai, ou si le nouveau délai est expiré, les arbitres jugent sur les seules pièces et mémoires remis. (**Pr**. 1012.)

60. En cas de partage, les arbitres nomment un sur-arbitre, s'il n'est nommé par le compromis : si les arbitres sont discordans sur le choix, le sur-arbitre est nommé par le tribunal de commerce. (**Pr**. 1017, 1018.)

61. Le jugement arbitral est motivé.

Il est déposé au greffe du tribunal de commerce.

Il est rendu exécutoire sans aucune modification, et transcrit sur les registres, en vertu d'une ordonnance du président du tribunal, lequel est tenu de la rendre pure et simple, et dans le délai de trois jours du dépôt au greffe. (**Pr**. 1019.)

62. Les dispositions ci-dessus sont communes aux veuves, héritiers ou ayans-cause des associés. (**Pr**. 1012.)

63. Si des mineurs sont intéressés dans une contestation pour raison d'une société commerciale, le tuteur ne pourra renoncer à la faculté d'appeler du jugement arbitral. (**Co**. 51. — **Pr**. 1010, 1012.)

64. Toutes actions contre les associés non liquidateurs et leurs veuves, héritiers ou ayans-cause, sont prescrites cinq ans après la

[1] Les articles du C. Pr. 1007 et 1012 ne sont pas applicables aux arbitres en matière de commerce.

fin ou la dissolution de la société, si l'acte de société qui en énonce la durée, ou l'acte de dissolution, a été affiché et enregistré conformément aux article 42, 43, 44 et 46, et si, depuis cette formalité remplie, la prescription n'a été interrompue à leur égard par aucune poursuite judiciaire. (**Co.** 4, 5, 7; *Prescriptions*, 108, 189, 431 **s.** — **C.** *Prescription de cinq ans*, 2277.)

TITRE QUATRIÈME.

DES SÉPARATIONS DE BIENS.

65. Toute demande en séparation de biens sera poursuivie, instruite et jugée conformément à ce qui est prescrit au Code civil, liv. III, tit. V, chap. II, sect. III, et au Code de procédure civile, 2e partie, liv. I, tit. VIII. (**Co.** 4, 5, 7. — **C.** 1441 **s.** — **Pr.** 865 **s.** — **T.** 78.)

66. Tout jugement qui prononcera une séparation de corps ou un *divorce* [1] entre mari et femme, dont l'un serait commerçant, sera soumis aux formalités prescrites par l'article 872 du Code de procédure civile; à défaut de quoi, les créanciers seront toujours admis à s'y opposer, pour ce qui touche leurs intérêts, et à contredire toute liquidation qui en aurait été la suite. (**C.** 1445. — **Pr.** 872 **s.**)

67. Tout contrat de mariage entre époux dont l'un sera commerçant, sera transmis par extrait, dans le mois de sa date, aux greffes et chambres désignés par l'article 872 du Code de procédure civile, pour être exposé au tableau, conformément au même article.

Cet extrait annoncera si les époux sont mariés en communauté, s'ils sont séparés de biens, ou s'ils ont contracté sous le régime dotal.

68. Le notaire qui aura reçu le contrat de mariage sera tenu de faire la remise ordonnée par l'article précédent, sous peine de cent francs d'amende, et même de destitution et de responsabilité envers les créanciers, s'il est prouvé que l'omission soit la suite d'une collusion.

69. [2] (*Ainsi modifié : Loi* 28 *mai* 1838.) L'époux séparé de biens, ou marié sous le régime dotal, qui embrasserait la profession de commerçant postérieurement à son mariage, sera tenu de faire pa-

[1] Le divorce est aboli. *Loi* 8 mai 1816.

[2] *Ancien art.* 69. Tout époux séparé de biens, ou marié sous le régime dotal, qui embrasserait la profession de commerçant postérieurement à son mariage, sera tenu de faire pareille remise dans le mois du jour où il aura ouvert son commerce, à peine, en cas de faillite, d'être puni comme banqueroutier frauduleux.

reille remise dans le mois du jour où il aura ouvert son commerce; à défaut de cette remise, il pourra être, en cas de faillite, condamné comme banqueroutier simple.. (Co. 4, 5, 7, 67 s., 593. — Pr. 872 s. — P. *Banqueroute*, 402, 403.)

70. La même remise sera faite, sous les mêmes peines, dans l'année de la publication de la présente loi, par tout époux séparé de biens, ou marié sous le régime dotal, qui, au moment de ladite publication, exercerait la profession de commerçant. (Co. 67 s. — Pr. 872 s.)

TITRE CINQUIÈME.

DES BOURSES DE COMMERCE, AGENS DE CHANGE ET COURTIERS

SECTION Ire.

Des Bourses de commerce.

71. La bourse de commerce est la réunion qui a lieu, sous l'autorité du Roi, des commerçans, capitaines de navire, agens de change et courtiers. (Co. 75, 613.)

72. Le résultat des négociations et des transactions qui s'opèrent dans la bourse, détermine le cours du change, des marchandises, des assurances, du fret ou nolis, du prix des transports par terre ou par eau, des effets publics et autres dont le cours est susceptible d'être coté. (Co. 76. — P. 419.)

73. Ces divers cours sont constatés par les agens de change et courtiers, dans la forme prescrite par les règlemens de police généraux ou particuliers. (Co. 76. — P. 404.) [1]

SECTION II.

Des Agens de change et Courtiers.

74. La loi reconnaît, pour les actes de commerce, des agens intermédiaires; savoir, les agens de change et les courtiers. (Co. 76, 78, 81, 83 s., 87 s., 492. — P. 404.) [2]

[1] V. *Lois* 20 vendémiaire an IV, 28 ventôse an IX, *Arrêtés* des 29 germinal an IX, 27 prairial an X, *sur l'établissement et la police des bourses de commerce.*

[2] Extrait de l'*Arrêté* du 27 prairial an X, *concernant les bourses de commerce.*

§ II.

Obligations des agens de change et courtiers.

Art. 10. Les agens de change et les courtiers de commerce ne pourront être associés, teneurs de livres ni caissiers d'aucun négociant, marchand ou banquier; ne pourront pareillement faire aucun commerce de marchandises, lettres, billets, effets publics et particuliers, pour leur compte, ni endosser aucun billet, lettre de change ou effet négociable quelconque, ni avoir entre eux ou avec qui que ce soit, aucune société de banque ou en commandite, ni prêter leur nom, pour une négociation, à des citoyens

75. Il y en a dans toutes les villes qui ont une bourse de commerce. Ils sont nommés par le Roi.

76. Les agens de change, constitués de la manière prescrite par la loi, ont seuls le droit de faire les négociations des effets publics et autres susceptibles d'être cotés; de faire pour le compte d'autrui les négociations des lettres de change ou billets, et de tous papiers commerçables, et d'en constater le cours.

Les agens de change pourront faire, concurremment avec les courtiers de marchandises, les négociations et le courtage des ventes ou

non commissionnés, sous peine de trois mille francs d'amende et de destitution.

Il n'est pas dérogé à la faculté qu'ont les agens de change de donner leur aval pour les effets de commerce.

11. Les agens de change et courtiers de commerce seront tenus de consigner leurs opérations sur des carnets et de les transcrire, dans le jour, sur un journal timbré, coté et paraphé par les juges du tribunal de commerce, lesquels registre et carnet ils seront tenus de représenter aux juges ou aux arbitres: ils ne pourront, en outre, refuser de donner des reconnaissances des effets qui leur seront confiés.

12. Lorsque deux agens de change ou courtiers de commerce auront consommé une opération, chacun deux l'inscrira sur son carnet, et le montrera à l'autre.

13. Chaque agent de change devant avoir reçu de ses cliens les effets qu'il vend, ou les sommes nécessaires pour payer ceux qu'il achète, est responsable de la livraison et du paiement de ce qu'il aura vendu et acheté: son cautionnement sera affecté à cette garantie, et sera saisissable en cas de non-consommation dans l'intervalle d'une bourse à l'autre, sauf le délai nécessaire au transfert des rentes, ou autres effets publics dont la remise exige des formalités.

Lorsque le cautionnement aura été entamé, l'agent de change sera suspendu de ses fonctions jusqu'à ce qu'il l'ait complété entièrement, conformément à l'arrêté du 29 germinal an IX.

Les noms des agens de change ainsi suspendus de leurs fonctions, seront affichés à la bourse.

14. Les agens de change seront civilement responsables de la vérité de la dernière signature des lettres de change ou autres effets qu'ils négocieront.

15. A compter de la publication du présent arrêté, les transferts d'inscriptions sur le grand-livre de la dette publique seront faits au trésor public, en présence d'un agent de change de la bourse de Paris, qui certifiera l'identité du propriétaire, la vérité de sa signature et des pièces produites.

16. Cet agent de change sera, par le seul effet de sa certification, responsable de la validité desdits transferts, en ce qui concerne l'identité du propriétaire, la vérité de sa signature et des pièces produites: cette garantie ne pourra avoir lieu que pendant cinq années, à partir de la déclaration du transfert.

17. En cas de mort, démission ou destitution d'un agent de change, il ne pourra, ainsi que ses héritiers et ayans-cause, demander le remboursement du cautionnement par lui fourni, qu'en justifiant d'un certificat des syndics des agens de change, constatant que la cessation de ses fonctions a été annoncée et affichée, depuis un mois, à la bourse, et qu'il n'est survenu aucune réclamation contre.

18. Ne pourront les agens de change et courtiers de commerce, sous peine de destitution et de trois mille francs d'amende, négocier aucune lettre de change, billet, vendre aucune marchandise appartenant à des gens dont la faillite serait connue.

19. Les agens de change devront garder le secret le plus inviolable aux personnes qui les auront chargés de négociations, à moins que les parties ne consentent à être nommées, ou que la nature des opérations ne l'exige.

§ III.

Des droits à percevoir par les agens de change ou courtiers jusqu'à ce qu'il en ait été autrement ordonné par le gouvernement.

20. Ne pourront les agens de change et courtiers de commerce exiger ni recevoir aucune somme au-delà des droits qui leur sont attribués par le tarif arrêté par les tribunaux de commerce, sous peine de concussion; et ils auront la faculté de se faire payer de leurs droits après la consommation de chaque négociation, ou sur des mémoires qu'ils fourniront, de trois mois en trois mois, des négociations faites par leur entremise, aux banquiers, négocians ou autres pour le compte desquels ils les auront faites.

achats des matières métalliques. Ils ont seuls le droit d'en constater le cours. (Co. 78, 83 s., 87 s., 485, 486.)

77. Il y a des courtiers de marchandises,

Des courtiers d'assurances,

Des courtiers interprètes et conducteurs de navires,

Des courtiers de transport par terre et par eau. (Co. 76, 78 s., 81, 83 s., 87. s.)

78. Les courtiers de marchandises, constitués de la manière prescrite par la loi, ont seuls le droit de faire le courtage des marchandises, d'en constater le cours; ils exercent, concurremment avec les agens de change, le courtage des matières métalliques. (Co. 76, 81 s.)

79. Les courtiers d'assurances rédigent les contrats ou polices d'assurances, concurremment avec les notaires; ils en attestent la vérité par leur signature, certifient le taux des primes pour tous les voyages de mer ou de rivières. (Co. 81 s.)

80. Les courtiers interprètes et conducteurs de navires font le courtage des affrétemens : ils ont, en outre, seuls le droit de traduire, en cas de contestations portées devant les tribunaux, les déclarations, chartes-parties, connaissemens, contrats, et tous actes de commerce dont la traduction serait nécessaire; enfin, de constater le cours du fret ou du nolis.

Dans les affaires contentieuses de commerce, et pour le service des douanes, ils serviront seuls de truchement à tous étrangers, maîtres de navire, marchands, équipages de vaisseau et autres personnes de mer. (Co. 81 s.)

81. Le même individu peut, si l'acte du Gouvernement qui l'institue l'y autorise, cumuler les fonctions d'agent de change, de courtier de marchandises ou d'assurances, et de courtier interprète et conducteur de navires. (Co. 77 s.)

82. Les courtiers de transport par terre et par eau, constitués selon la loi, ont seuls, dans les lieux où ils sont établis, le droit de faire le courtage des transports par terre et par eau : ils ne peuvent cumuler, dans aucun cas et sous aucun prétexte, les fonctions de courtiers de marchandises, d'assurances, ou de courtiers conducteurs de navires, désignés aux articles 78, 79 et 80.

83. Ceux qui ont fait faillite ne peuvent être agens de change ni courtiers, s'ils n'ont été réhabilités. (Co. 437, 604 s. — I. Cr. 619 s., 633.)

84. Les agens de change et courtiers sont tenus d'avoir un livre revêtu des formes prescrites par l'article 11.

Ils sont tenus de consigner dans ce livre, jour par jour, et par ordre de dates, sans ratures, interlignes ni transpositions, et sans abréviations ni chiffres, toutes les conditions de vente, achats, assurances, négociations, et en général de toutes les opérations faites par leur ministère.

85. Un agent de change ou courtier ne peut, dans aucun cas et sous aucun prétexte, faire des opérations de commerce ou de banque pour son compte.

Il ne peut s'intéresser directement ni indirectement, sous son nom, ou sous un nom interposé, dans aucune entreprise commerciale.

Il ne peut recevoir ni payer pour le compte de ses commettans. (Co. 87.)

86. Il ne peut se rendre garant de l'exécution des marchés dans lesquels il s'entremet.

87. Toute contravention aux dispositions énoncées dans les deux articles précédens, entraîne la peine de destitution, et une condamnation d'amende, qui sera prononcée par le tribunal de police correctionnelle, et qui ne peut être au-dessus de trois mille francs, sans préjudice de l'action des parties en dommages et intérêts.

88. Tout agent de change ou courtier destitué en vertu de l'article précédent, ne peut être réintégré dans ses fonctions.

89. En cas de faillite, tout agent de change ou courtier est poursuivi comme banqueroutier. (Co. 437 s., 585 s. — P. 404.)

90. Il sera pourvu, par des règlemens d'administration publique, à tout ce qui est relatif à la négociation et transmission de propriété des effets publics. (P. 421 s.)

TITRE SIXIÈME.

DES COMMISSIONNAIRES.

SECTION Ire.

Des Commissionnaires en général.

91. Le commissionnaire est celui qui agit en son propre nom, ou sous un nom social, pour le compte d'un commettant. (Co. 107.)

92. Les devoirs et les droits du commissionnaire qui agit au nom d'un commettant, sont déterminés par le Code civil, liv. III, tit. XIII. (C. *Mandat,* 1984 s., 1992.)

93. Tout commissionnaire qui a fait des avances sur des marchandises à lui expédiées d'une autre place pour être vendues pour le compte d'un commettant, a privilége, pour le remboursement de ses avances, intérêts et frais, sur la valeur des marchandises, si elles sont à sa disposition, dans ses magasins, ou dans un dépôt public, ou si, avant qu'elles soient arrivées, il peut constater, par un connaissement ou par une lettre de voiture, l'expédition qui lui en a été faite. (Co. 95, 106, 285, 308, 577. — C. 2102, n°s 2, 3, 6.) [1]

94. Si les marchandises ont été vendues et livrées pour le compte du commettant, le commissionnaire se rembourse, sur le produit de la vente, du montant de ses avances, intérêts et frais, par préférence aux créanciers du commettant. (Co. 106, 285.)

95. Tous prêts, avances ou paiemens qui pourraient être faits sur des marchandises déposées ou consignées par un individu résidant dans le lieu du domicile du commissionnaire, ne donnent privilége au commissionnaire ou dépositaire qu'autant qu'il s'est conformé aux dispositions prescrites par le Code civil, liv. III, titre XVII, pour les prêts sur gages ou nantissemens. (Co. 93. — C. 2074 s., 2084, 2102.)

SECTION II.

Des Commissionnaires pour les transports par terre et par eau.

96. Le commissionnaire qui se charge d'un transport par terre ou par eau, est tenu d'inscrire sur son livre-journal la déclaration de la nature et de la quantité des marchandises, et, s'il en est requis, de leur valeur. (Co. 8 s., 107. — C. 1782 s. — P. 386, 387.)

97. Il est garant de l'arrivée des marchandises et effets dans le délai déterminé par la lettre de voiture, hors les cas de la force majeure légalement constatée. (Co. 100 s., 144 s., 108. — C. 1783, 1785 s. — P. 386 s.)

98. Il est garant des avaries ou pertes de marchandises et effets, s'il n'y a stipulation contraire dans la lettre de voiture, ou force majeure. (Co. 100, 103, 108. — C. 1784.)

99. Il est garant des faits du commissionnaire intermédiaire auquel il adresse les marchandises. (Co. 100, 108. — C. 1784.)

100. La marchandise sortie du magasin du vendeur ou de l'expéditeur, voyage, s'il n'y a convention contraire, aux risques et périls de celui à qui elle appartient, sauf son recours contre le commissionnaire et le voiturier chargés du transport. (Co. 97 s.)

101. La lettre de voiture forme un contrat entre l'expéditeur

[1] « Les actes de prêts sur dépôts ou consignations de marchandises, fonds publics français, et actions des compagnies d'industrie et de finance, dans le cas prévu par l'art. 39 du Code de commerce, seront admis à l'enregistrement moyennant le droit fixe de 2 fr. » (*Loi* 18 avril 1831.)

et le voiturier, ou entre l'expéditeur, le commissionnaire et le voiturier.

102. La lettre de voiture doit être datée.

Elle doit exprimer

La nature et le poids ou la contenance des objets à transporter,

Le délai dans lequel le transport doit être effectué.

Elle indique

Le nom et le domicile du commissionnaire par l'entremise duquel le transport s'opère, s'il y en a un,

Le nom de celui à qui la marchandise est adressée,

Le nom et le domicile du voiturier.

Elle énonce

Le prix de la voiture,

L'indemnité due pour cause de retard.

Elle est signée par l'expéditeur ou le commissionnaire.

Elle présente en marge les marques et numéros des objets à transporter.

La lettre de voiture est copiée par le commissionnaire sur un registre coté et paraphé, sans intervalle et de suite. (**C.** 1782, 1950.)[1]

SECTION III.

Du Voiturier.

103. Le voiturier est garant de la perte des objets à transporter, hors les cas de la force majeure.

Il est garant des avaries autres que celles qui proviennent du vice propre de la chose ou de la force majeure. (**Co.** 98, 105, 107 **s.** — **C.** 1137, 1782, 1784, 2012, *n*° 6. — **P.** 387.)

104. Si, par l'effet de la force majeure, le transport n'est pas effectué dans le délai convenu, il n'y a pas lieu à indemnité contre le voiturier pour cause de retard. (**Co.** 97, 105.)

105. La réception des objets transportés et le paiement du prix de la voiture éteignent toute action contre le voiturier. (**Co.** 103 **s.**)

106. En cas de refus ou contestation pour la réception des objets transportés, leur état est vérifié et constaté par des experts nommés par le président du tribunal de commerce, ou, à son défaut, par le juge de paix, et par ordonnance au pied d'une requête.

Le dépôt ou séquestre, et ensuite le transport dans un dépôt public, peut en être ordonné.

La vente peut en être ordonnée en faveur du voiturier, jusqu'à concurrence du prix de la voiture. (**Co.** 93 **s.**)

[1] Elle est assujettie au timbre de dimension. — Mais non lorsque le propriétaire fait conduire par ses propres voituriers et domestiques ou fermiers le produit de ses récoltes. *Déc.* 3 janvier 1809.

107. Les dispositions contenues dans le présent titre sont communes aux maîtres de bateaux, entrepreneurs de diligences et voitures publiques. (Co. 91 s., 96 s., 103 s.) [1]

108. Toutes actions contre le commissionnaire et le voiturier, à raison de la perte ou de l'avarie des marchandises, sont prescrites, après six mois, pour les expéditions faites dans l'intérieur de la France, et après un an, pour celles faites à l'étranger; le tout à compter, pour les cas de perte, du jour où le transport des marchandises aurait dû être effectué, et pour les cas d'avarie, du jour où la remise des marchandises aura été faite; sans préjudice des cas de fraude ou d'infidélité. (Co. 97 s., 103 s.) [2]

TITRE SEPTIÈME.

DES ACHATS ET VENTES.

109. Les achats et ventes se constatent, (Co. 632. — C. 1582 s. — P. 419 s., 423 s.)

Par actes publics, (C. 1317.)

Par actes sous signature privée, (C. 1322.)

Par le bordereau ou arrêté d'un agent de change ou courtier, dûment signé par les parties, (Co. 84.)

[1] V. *Ord.* 16 juillet 1828, *Loi* 28 juin 1829, conc. les Voitures publiques.

L'*Ord.* précitée abroge et remplace le décret 28 août 1808, ainsi que les ord. 4 février 1820 et 27 septembre 1827. (*Duvergier*, Droit civil, t. 19.)

[2] *Décret* 18 août 1810, qui autorise la vente des effets confiés à des entreprises de roulage, de messageries, etc., et non réclamés.

Vu les articles 107 et 108 du Code de commerce.

Art. 1er. Les ballots, caisses, malles, paquets et tous autres objets qui auraient été confiés, pour être transportés dans l'intérieur de l'Empire, à des entrepreneurs, soit de roulage, soit de messageries par terre ou par eau, lorsqu'ils n'auront pas été réclamés dans le délai de *six mois* à compter du jour de l'arrivée au lieu de leur destination, seront vendus par voie d'enchère publique, à la diligence de la régie de l'enregistrement, et après l'accomplissement des formalités suivantes.

2. A l'expiration du délai qui vient d'être fixé, les entrepreneurs de messageries et de roulage devront faire aux préposés de la régie de l'enregistrement la déclaration des objets qui se trouveront dans le cas de l'article précédent.

3. Il sera procédé par le juge de paix, en présence des préposés de la régie de l'enregistrement et des entrepreneurs de messageries ou de roulage, à l'ouverture et à l'inventaire des ballots, malles, caisses et paquets.

4. Les préposés de la régie de l'enregistrement seront tenus de faire insérer dans les journaux, un mois avant la vente des objets non réclamés, une note indiquant le jour et l'heure fixés pour cette vente, et contenant en outre les détails propres à ménager aux propriétaires de ces objets la faculté de les reconnaître et de les réclamer.

5. Il sera fait un état séparé du produit de ces ventes, pour le cas où il surviendrait, dans un nouveau délai de deux ans à compter du jour de la vente, quelque réclamation susceptible d'être accueillie.

6. Les préposés de la régie de l'enregistrement, et ceux de la régie des droits réunis, sont autorisés, tant pour s'assurer de la sincérité des déclarations ci-dessus prescrites que pour y suppléer, à vérifier les registres qui doivent être tenus par les entrepreneurs de messageries ou de roulage.

Par une facture acceptée,
par la correspondance,
Par les livres des parties, (Co. 8 s.)
Par la preuve testimoniale, dans le cas où le tribunal croira devoir l'admettre. (Co. 49; *Secùs*, 41. — C. 1341.)

TITRE HUITIÈME.

DE LA LETTRE DE CHANGE, DU BILLET A ORDRE, ET DE LA PRESCRIPTION.

SECTION Ire.

De la Lettre de Change. [1]

§ Ier. De la Forme de la Lettre de change.

110. La lettre de change est tirée d'un lieu sur un autre. (Co. 112 s., 118, 187; *Prescript.*, 189; *Compét.*, 636 s.)
Elle est datée.
Elle énonce

Dispositions législatives conc. le Timbre des billets à ordre et lettres de change.

Extrait de la *Loi* 24 mai 1834.

Art. 18. A dater du 1er janvier 1835, le droit proportionnel de timbre sur les lettres de change et billets à ordre, sur les billets et obligations non négociables, est réduit ainsi qu'il suit :

A vingt-cinq centimes, au lieu de trente-cinq centimes, pour ceux de cinq cents francs et au-dessous;

A cinquante centimes, au lieu de soixante-dix centimes, pour ceux de cinq cents francs et au-dessous jusqu'à mille francs;

A cinquante centimes par mille francs, au lieu de soixante-dix centimes, pour ceux au-dessous de mille francs.

19. L'amende due en cas de contravention aux lois sur le timbre proportionnel, par le souscripteur d'une lettre de change ou d'un billet à ordre, d'un billet ou obligation non négociable, et qui était fixée au vingtième (cinq pour cent) du montant des sommes exprimées dans lesdits actes, est portée à six pour cent du montant des mêmes sommes. L'accepteur d'une lettre de change qui n'aura pas été écrite sur papier du timbre prescrit, ou qui n'aura pas été visée pour timbre, sera soumis à une amende de même quotité, indépendamment de celle encourue par le souscripteur. A défaut d'accepteur, cette amende sera due par premier endosseur.

20. Une amende semblable sera due par le premier endosseur d'un billet à ordre, et par le premier cessionnaire d'un billet ou obligation non négociable qui aura été souscrit en contravention aux lois sur le timbre.

21. Lorsqu'une lettre de change ou un billet à ordre venant soit de l'étranger, soit des îles ou des colonies dans lesquelles le timbre ne serait pas encore établi, aura été accepté et négocié en France avant d'avoir été soumis au timbre ou au visa pour timbre, l'accepteur et le premier endosseur résidant en France seront tenus chacun d'une amende de six pour cent du montant de l'effet.

Aucune des amendes prononcées ci-dessus ne pourra être au-dessous de cinq francs.

Extrait de la *Loi* 20 juillet 1837.

Art. 16. A compter du 1er janvier 1838, le droit proportionnel du timbre sur les lettres de change et billets à ordre, sur les billets et obligations non négociables d'une somme de trois cents francs et au-dessous, sera réduit à *quinze* centimes au lieu de *vingt-cinq* centimes.

Les amendes, dans ces cas de contravention, seront perçues conformément aux art. 19, 20 et 21 de la loi du 24 mai 1834.

La somme à payer,

Le nom de celui qui doit payer,

L'époque et le lieu où le paiement doit s'effectuer, (Co. 129 s.)

La valeur fournie en espèces, en marchandises, en compte, ou de toute autre manière. (Co. *Endoss.*, 137.)

Elle est à l'ordre d'un tiers, ou à l'ordre du tireur lui-même.

Si elle est par 1re, 2e, 3e, 4e, etc., elle l'exprime. (Co. 147 s.)

111. Une lettre de change peut être tirée sur un individu, et payable au domicile d'un tiers.

Elle peut être tirée par ordre et pour le compte d'un tiers.

112. Sont réputées simples promesses toutes lettres de change contenant supposition soit de nom, soit de qualité, soit de domicile, soit des lieux d'où elles *sont* tirées ou dans lesquels elles *sont* payables. (Co. 139, 636 s. — P. 147.)

113. La signature des femmes et des filles non négociantes ou marchandes publiques sur lettre de change, ne vaut, à leur égard, que comme simple promesse. (Co. 637. — C. 217 s.)

114. Les lettres de change souscrites par des mineurs non négocians sont nulles à leur égard, sauf les droits respectifs des parties, conformément à l'article 1312 du Code civil. (Co. 85.)

§ II. De la Provision.

115. (*Ainsi modifié : Loi* 19 *mars* 1817, *art.* 1er.) La provision doit être faite par le tireur, ou par celui pour le compte de qui la lettre de change sera tirée, sans que le tireur *pour compte d'autrui* cesse d'être personnellement obligé envers les *endosseurs et le porteur seulement.* (Co. 111, 117.) [1]

116. Il y a provision, si, à l'échéance de la lettre de change, celui sur qui elle est fournie est redevable au tireur, ou à celui pour compte de qui elle est tirée, d'une somme au moins égale au montant de la lettre de change.

117. L'acceptation suppose la provision.

Elle en établit la preuve à l'égard des endosseurs.

Soit qu'il y ait ou non acceptation, le tireur seul est tenu de prouver, en cas de dénégation, que ceux sur qui la lettre était tirée avaient provision à l'échéance : sinon il est tenu de la garantir, quoique le protêt ait été fait après les délais fixés. (Co. 118 s.; *Déchéance,* 170.)

[1] *Ancien art.* 115 *modifié.* (*Loi* 19 *mars* 1817.)

La provision doit être faite par le tireur, ou par celui pour le compte de qui la lettre de change sera tirée, sans que le tireur cesse d'être personnellement obligé.

§ III. De l'Acceptation.

118. Le tireur et les endosseurs d'une lettre de change sont garans solidaires de l'acceptation et du paiement à l'échéance. (Co. 121 s., 128, 136 s., 140, 143 s.)

119. Le refus d'acceptation est constaté par un acte que l'on nomme *protêt faute d'acceptation*. (Co. 126, 156, 163 s., 173 s.)

120. Sur la notification du protêt faute d'acceptation, les endosseurs et le tireur sont respectivement tenus de donner caution pour assurer le paiement de la lettre de change à son échéance, ou d'en effectuer le remboursement avec les frais de protêt et de rechange.

La caution, soit du tireur, soit de l'endosseur, n'est solidaire qu'avec celui qu'elle a cautionné.

121. Celui qui accepte une lettre de change, contracte l'obligation d'en payer le montant.

L'accepteur n'est pas restituable contre son acceptation, quand même le tireur aurait failli à son insu avant qu'il eût accepté. (Co. 148.)

122. L'acceptation d'une lettre de change doit être signée.

L'acceptation est exprimée par le mot *accepté*.

Elle est datée, si la lettre est à un ou plusieurs jours ou mois de vue;

Et, dans ce dernier cas, le défaut de date de l'acceptation rend la lettre exigible au terme y exprimé, à compter de sa date.

123. L'acceptation d'une lettre de change payable dans un autre lieu que celui de la résidence de l'accepteur, indique le domicile où le paiement doit être effectué ou les diligences faites.

124. L'acceptation ne peut être conditionnelle; mais elle peut être restreinte quant à la somme acceptée.

Dans ce cas, le porteur est tenu de faire protester la lettre de change pour le surplus.

125. Une lettre de change doit être acceptée à sa présentation, ou au plus tard dans les vingt-quatre heures de la présentation.

Après les vingt-quatre heures, si elle n'est pas rendue acceptée ou non acceptée, celui qui l'a retenue est passible de dommages-intérêts envers le porteur.

§ IV. De l'Acceptation par intervention.

126. Lors du protêt faute d'acceptation, la lettre de change peut être acceptée par un tiers intervenant pour le tireur ou pour l'un des endosseurs.

L'intervention est mentionnée dans l'acte du protêt; elle est signée par l'intervenant. (Co. *Acceptation,* 119; *Paiem. par interv.,* 158 s.; *Protêt,* 173 s.; *Du billet à ordre,* 187.)

127. L'intervenant est tenu de notifier sans délai son intervention à celui pour qui il est intervenu.

128. Le porteur de la lettre de change conserve tous ses droits contre le tireur et les endosseurs, à raison du défaut d'acceptation par celui sur qui la lettre était tirée, nonobstant toutes acceptations par intervention. (Co. *Droits du porteur,* 118, 160 s.)

§ V. De l'Echéance.

129. Une lettre de change peut être tirée (Co. 144 s., 160 s.)

à vue. (Co. 122, 130 s., 134 s.)

à un ou plusieurs jours à un ou plusieurs mois à une ou plusieurs usances. (Co. 132.)	de vue;
à un ou plusieurs jours à un ou plusieurs mois à une ou plusieurs usances à jour fixe ou à jour déterminé, en foire. (Co. 133.)	de date.

130. La lettre de change à vue est payable à sa présentation. (Co 160, 161 s.)

131. L'échéance d'une lettre de change

à un ou plusieurs jours à un ou plusieurs mois à une ou plusieurs usances	de vue,

est fixé par la date de l'acceptation, ou par celle du protêt faute d'acceptation.

132. L'usance est de trente jours, qui courent du lendemain de la date de la lettre de change.

Les mois sont tels qu'ils sont fixés par le calendrier grégorien.

133. Une lettre de change payable en foire est échue la veille du jour fixé pour la clôture de la foire, ou le jour de la foire, si elle ne dure qu'un jour. (Co. 161, 162 s.)

134. Si l'échéance d'une lettre de change est à un jour férié légal, elle est payable la veille. (Co. 161, 162 s.)

135. Tous délais de grâce, de faveur, d'usage ou d'habitude locale, pour le paiement des lettres de change, sont abrogés. (Co. 157, 161.) [1]

[1] *Loi* 6 thermidor an III, qui autorise le dépôt du montant des billets à ordre ou autres effets négociables, dont le porteur ne se sera pas présenté dans les trois jours qui suivront celui de l'échéance.

Art. 1er. Tout débiteur de billet à ordre,

§ VI. De l'Endossement.

136. La propriété d'une lettre de change se transmet par la voie de l'endossement. (Co. 138 s., 140, 159; *De billet à ordre,* 187; *De connaiss.,* 291; *De contrat à la gr.,* 313 s.; *Revendic.,* 574 s.)

137. L'endossement est daté.

Il exprime la valeur fournie.

Il énonce le nom de celui à l'ordre de qui il est passé. (Co. *Lettres de ch.,* 110, 138, 139.)

138. Si l'endossement n'est pas conforme aux dispositions de l'article précédent, il n'opère pas le transport; il n'est qu'une procuration. (Co. *Revendic.,* 574 s.)

139. Il est défendu d'antidater les ordres, à peine de faux. (P. 147.)

§ VII. De la Solidarité.

140. Tous ceux qui ont signé, accepté ou endossé une lettre de change, sont tenus à la garantie solidaire envers le porteur. (Co. 118, 164; *Billet à ordre,* 187. — C. *Eff. de la solid.,* 1200 s.)

§ VIII. De l'Aval.

141. Le paiement d'une lettre de change, indépendamment de l'acceptation et de l'endossement, peut être garanti par un aval. (Co. 118, 140; *Billet à ordre,* 187.)

142. Cette garantie est fournie, par un tiers, sur la lettre même ou par acte séparé.

Le donneur d'aval est tenu solidairement et par les mêmes voies que les tireur et endosseurs, sauf les conventions différentes des parties. (Co. *Garantie,* 164 s. — C. 2011. — Co. *Déchéance,* 171.) [1]

lettre de change, billet au porteur ou autre effet négociable, dont le porteur ne se sera pas présenté dans les trois jours qui suivront celui de l'échéance, est autorisé à déposer la somme portée au billet, aux mains du receveur de l'enregistrement, dans l'arrondissement duquel l'effet est payable.

2. L'acte de dépôt contiendra la date du billet, celle de l'échéance et le nom de celui au bénéfice duquel il aura été originairement fait.

3. Le dépôt consommé, le débiteur ne sera tenu qu'à remettre l'acte de dépôt en échange du billet.

4. La somme déposée sera remise à celui qui représentera l'acte de dépôt, sans autre formalité que celle de la remise d'icelui, et de la signature du porteur sur le registre du receveur.

5. Si le porteur ne sait pas écrire, il en sera fait mention sur le registre.

6. Les droits attribués aux receveurs de l'enregistrement pour les présens dépôts, sont fixés à un pour cent. Ils sont dus par le porteur du billet.

[1] Celui qui a donné un aval *séparé* portant *garantie*, ne peut opposer au porteur le défaut de dénonciation de protêt à temps utile.

§ IX. Du Paiement.

143. Une lettre de change doit être payée dans la monnaie qu'elle indique. (Co. 187.) [1]

144. Celui qui paie une lettre de change avant son échéance, est responsable de la validité du paiement. (Co. 129 s., 146.)

145. Celui qui paie une lettre de change à son échéance et sans opposition, est présumé valablement libéré. (Co. 129 s., 149 s. — C. 1240.)

146. Le porteur d'une lettre de change ne peut être contraint d'en recevoir le paiement avant l'échéance.

147. Le paiement d'une lettre de change fait sur une seconde, troisième, quatrième, etc., est valable, lorsque la seconde, troisième, quatrième, etc., porte que ce paiement annule l'effet des autres. (Co. 110, 148 s.)

148. Celui qui paie une lettre de change sur une seconde, troisième, quatrième, etc., sans retirer celle sur laquelle se trouve son acceptation, n'opère point sa libération à l'égard du tiers porteur de son acceptation. (Co. 110, 121 s.)

149. Il n'est admis d'opposition au paiement qu'en cas de perte de la lettre de change, ou de la faillite du porteur. (Co. 145, 150; *Faillite*, 437 s.)

150. En cas de perte d'une lettre de change *non acceptée*, celui à qui elle appartient peut en poursuivre le paiement sur une seconde, troisième, quatrième, etc. (Co. 148, 152 s., 154. 175.)

151. Si la lettre de change perdue est revêtue de l'acceptation, le paiement ne peut en être exigé sur une seconde, troisième, quatrième, etc., que par ordonnance du juge, et en donnant caution. (Co. 152, 155.)

152. Si celui qui a perdu la lettre de change, qu'elle soit acceptée ou non, ne peut représenter la seconde, troisième, quatrième, etc., il peut demander le paiement de la lettre de change perdue, et l'obtenir par l'ordonnance du juge, en justifiant de sa propriété par ses livres, et en donnant caution. (Co. 155.)

153. En cas de refus de paiement, sur la demande formée en

[1] *Avis du C. d'État* 30 frimaire an XIV, sur la question de savoir si les lettres de change sont payables en billets de banque.

Le Conseil d'État, après avoir entendu la section de législation sur le renvoi fait par Sa Majesté impériale et royale, d'un rapport du grand-juge ministre de la justice, ayant pour objet d'examiner la question de savoir si une lettre de change peut être payée en billets de banque, autrement que du consentement de celui qui en est porteur,

Est d'avis que la réponse à cette question ne peut souffrir aucune difficulté : le porteur d'une lettre de change a le droit d'exiger son paiement en numéraire. Les billets de la banque établis pour la commodité du commerce ne sont que de simple confiance.

Déc. 18 août 1810. — La monnaie de cuivre et de billon ne peut être employée dans les paiemens, que pour l'appoint de la pièce de cent sous, si ce n'est de gré à gré.

vertu des deux articles précédens, le propriétaire de la lettre de change perdue conserve tous ses droits par un acte de protestation.

Cet acte doit être fait le lendemain de l'échéance de la lettre de change perdue.

Il doit être notifié aux tireur et endosseurs, dans les formes et délais prescrits ci-après par la notification du protêt. (**Co.** *Notific. du protêt*, 165 **s.**)

154. Le propriétaire de la lettre de change égarée doit, pour s'en procurer la seconde, s'adresser à son endosseur immédiat, qui est tenu de lui prêter son nom et ses soins pour agir envers son propre endosseur; et ainsi en remontant d'endosseur en endosseur jusqu'au tireur de la lettre. Le propriétaire de la lettre de change égarée supportera les frais.

155. L'engagement de la caution, mentionné dans les articles 151 et 152, est éteint après trois ans, si, pendant ce temps, il n'y a eu ni demandes ni poursuites juridiques. (**Co.** 189.) [1]

156. Les paiemens faits à compte sur le montant d'une lettre de change, sont à la décharge des tireur et endosseurs.

Le porteur est tenu de faire protester la lettre de change pour le surplus. (**Co.** 158, 163, 173 **s.**)

157. Les juges ne peuvent accorder aucun délai pour le paiement d'une lettre de change. (**C.** *Secùs*, 1244. — **Pr.** 122 **s.**)

§ X. Du Paiement par intervention.

158. Une lettre de change protestée peut être payée par tout intervenant pour le tireur ou pour l'un des endosseurs.

L'intervention et le paiement seront constatés dans l'acte de protêt ou à la suite de l'acte. (**Co.** 126 **s.** — **C.** 1236.)

159. Celui qui paie une lettre de change par intervention, est subrogé aux droits du porteur, et tenu des mêmes devoirs pour les formalités à remplir.

Si le paiement par intervention est fait pour le compte du tireur, tous les endosseurs sont libérés.

S'il est fait pour un endosseur, les endosseurs subséquens sont libérés.

S'il y a concurrence pour le paiement d'une lettre de change par intervention, celui qui opère le plus de libérations est préféré.

Si celui sur qui la lettre était originairement tirée, et sur qui a été fait le protêt faute d'acceptation, se présente pour la payer, il sera préféré à tous autres. (**Co.** 119, 160 **s.** — **C.** *Secùs*, 1236.)

[1] Le *Décret* du 11 janvier 1808 assimile les traites du caissier général du trésor aux lettres de change du commerce.

§ XI. Des Droits et Devoirs du Porteur.

160. (*Ainsi modifié : Loi du* 19 *mars* 1817, *art.* 2.) Le porteur d'une lettre de change tirée du continent et des îles de l'Europe, et payable dans les possessions européennes de la France, soit à vue, soit à un ou plusieurs jours ou mois ou usances de vue, doit en exiger le paiement ou l'acceptation dans les six mois de sa date, sous peine de perdre son recours sur les endosseurs et même sur le tireur, si celui-ci a fait provision.

Le délai est de huit mois pour les lettres de change tirées des Échelles du Levant et des côtes septentrionales de l'Afrique, sur les possessions européennes de la France; et réciproquement, du continent et des îles de l'Europe sur les établissemens français aux Échelles du Levant et aux côtes septentrionales de l'Afrique.

Le délai est d'un an pour les lettres de change tirées des côtes occidentales de l'Afrique, jusques et compris le cap de Bonne-Espérance.

Il est aussi d'un an pour les lettres de change tirées du continent et des îles des Indes occidentales sur les possessions européennes de la France; et réciproquement, du continent et des îles de l'Europe sur les possessions françaises ou établissemens français aux côtes occidentales de l'Afrique, au continent et aux îles des Indes occidentales.

Le délai est de deux ans pour les lettres de change tirées du continent et des îles des Indes orientales sur les possessions européennes de la France, et réciproquement, du continent et des îles de l'Europe sur les possessions françaises ou établissemens français au continent et aux îles des Indes orientales.

La même déchéance aura lieu contre le porteur d'une lettre de change à vue, à un ou plusieurs jours, mois ou usances de vue, tirée de la France, des possessions ou établissemens français, et payable dans les pays étrangers, qui n'en exigera pas le paiement ou l'acceptation dans les délais ci-dessus prescrits pour chacune des distances respectives.

Les délais ci-dessus de huit mois, d'un an ou de deux ans sont doubles en cas de guerre maritime.

Les dispositions ci-dessus ne préjudicieront néanmoins pas aux stipulations contraires qui pourraient intervenir entre le preneur, le tireur et même les endosseurs. (Co. 118 s., 125, 143 s., 187.) [1]

[1] *Ancien art.* 160, *modifié.* (*Loi du* 19 mars 1817.)

Le porteur d'une lettre de change tirée du continent et des îles de l'Europe, et payable dans les possessions européennes de la France, soit à vue, soit à un ou plusieurs jours ou mois ou usances de vue, doit en exiger le paiement ou l'acceptation dans les six mois de sa date, sous peine de perdre son recours sur les endosseurs et même sur le tireur, si celui-ci a fait provision.

Le délai est de huit mois pour les lettres de

161. Le porteur d'une lettre de change doit en exiger le paiement le jour de son échéance. (Co. 129 s., 133 s.)[2]

162. Le refus de paiement doit être constaté, le lendemain du jour de l'échéance, par un acte que l'on nomme *protêt faute de paiement.*

Si ce jour est un jour férié légal, le protêt est fait le jour suivant. (Co. 133 s., 173 s., 184 s.)

163. Le porteur n'est dispensé du protêt faute de paiement, ni

change tirées des Echelles du Levant et des côtes septentrionales de l'Afrique, sur les possessions européennes de la France; et réciproquement, du continent et des iles de l'Europe sur les établissemens français aux Échelles du Levant et aux côtes septentrionales de l'Afrique.

Le délai est d'un an pour les lettres de change tirées des côtes occidentales de l'Afrique, jusques et compris le cap de Bonne-Espérance.

Il est aussi d'un an pour les lettres de change tirées du continent et des iles des Indes occidentales sur les possessions européennes de la France; et réciproquement, du continent et des iles de l'Europe sur les possessions françaises ou établissemens français aux côtes occidentales de l'Afrique, au continent et aux iles des Indes occidentales.

Le délai est de deux ans pour les lettres de change tirées du continent et des iles des Indes orientales sur les possessions européennes de la France; et réciproquement, du continent et des iles de l'Europe sur les possessions françaises ou établissemens français au continent et aux iles des Indes orientales.

Les délais ci-dessus, de huit mois, d'un an et de deux ans, sont doublés en temps de guerre maritime.

Loi 19 mars 1817, *art.* 3 : *Disposition transitoire.*

Les tireurs et endosseurs français de lettres de change de l'espèce désignée en l'art. 2 du § 1er de la présente loi, lesquelles se trouveraient actuellement en circulation, ne pourront être poursuivis en recours faute de paiement, si lesdites lettres n'ont été présentées au paiement ou à l'acceptation dans les délais fixés par le même article précédent, en comptant, pour cette fois seulement, ces délais à dater de six mois après la publication de la présente loi. »

[2] *Avis du C. d'État* 20 mars 1810, sur la question de savoir si les Effets de commerce échéant le dernier décembre peuvent être protestés, faute de paiement, le 1er janvier.

Le Conseil d'État, etc.

Vu les articles 161 et 162 du Code de commerce;

Est d'avis que le 1er janvier doit être considéré comme une des fêtes auxquelles s'applique l'article 162 du Code de commerce; et qu'en conséquence, lorsqu'il y aura refus de paiement d'un effet de commerce échu la veille, cet effet ne pourra être protesté que le 2 janvier; qu'à l'égard des protêts qui ont déjà eu lieu dans le même cas depuis l'an XIII, ceux du 1er janvier, ainsi que ceux du 2, doivent être également reconnus valables.

Avis du C. d'État. 27 janvier 1814, sur une question relative au protêt des lettres de change et billets à ordre, dans les cas d'invasion de l'ennemi et d'événemens de guerre.

Le Conseil d'État,

Considérant, 1° que, lors de la discussion du Code de commerce au Conseil d'État, l'opinion qui a prévalu sur cette question, a été de ne point fixer de limites à l'application de l'exception tirée de la force majeure, et de laisser les tribunaux juges des cas et des circonstances qui devaient la faire admettre en matière de protêt;

2° Qu'il résulte de diverses décisions des tribunaux de commerce et des cours souveraines, notamment de l'arrêt de la cour impériale de Gênes du 28 avril 1809, et de celui de la cour de cassation du 28 mars 1810, que l'exception de la force majeure, et particulièrement celle résultant des événemens de guerre, est reçue pour relever les porteurs d'effets de commerce, de la déchéance encourue à défaut de protêt à l'échéance, et de dénonciation dans les délais; et que l'application, selon les cas et les circonstances, est abandonnée à la prudence des juges,

Est d'avis que l'exception tirée de la force majeure est applicable aux cas de l'invasion de l'ennemi et des événemens de guerre, pour relever le porteur de lettres de change et de billets à ordre, de la déchéance prononcée par le Code de commerce, à défaut de protêt à l'échéance, et de dénonciation aux tireurs et endosseurs dans les délais, et que l'application, selon les cas et les circonstances, appartient à la prudence des juges.

par le protêt faute d'acceptation, ni par la mort ou faillite de celui sur qui la lettre de change est tirée.

Dans le cas de faillite de l'accepteur avant l'échéance, le porteur peut faire protester, et exercer son recours. (**Co.** 119, 156, 173 **s.**, 444. — **C.** 1188. — **Pr.** 124.)

164. Le porteur d'une lettre de change protestée faute de paiement, peut exercer son action en garantie,

Ou individuellement contre le tireur et chacun des endosseurs,

Ou collectivement contre les endosseurs et le tireur.

La même faculté existe pour chacun des endosseurs, à l'égard du tireur et des endosseurs qui le précèdent. (**Co.** 140, 153, 165 **s.**, 172.)

165. Si le porteur exerce le recours individuellement contre son cédant, il doit lui faire notifier le protêt, et, à défaut de remboursement, le faire citer en jugement dans les quinze jours qui suivent la date du protêt, si celui-ci réside dans la distance de cinq myriamètres.

Ce délai, à l'égard du cédant domicilié à plus de cinq myriamètres de l'endroit où la lettre de change était payable, sera augmenté d'un jour par deux myriamètres et demi excédant les cinq myriamètres. (**Co.** 164, 167, 168 **s.**, 171 **s.**)

166. Les lettres de change tirées de France et payables hors du territoire continental de la France, en Europe, étant protestées, les tireurs et endosseurs résidant en France seront poursuivis dans les délais ci-après :

De deux mois pour celles qui étaient payables en Corse, dans l'île d'Elbe ou de Capraja, en Angleterre et dans les États limitrophes de la France ;

De quatre mois pour celles qui étaient payables dans les autres États de l'Europe ;

De six mois pour celles qui étaient payables aux Échelles du Levant et sur les côtes septentrionales de l'Afrique ;

D'un an pour celles qui étaient payables aux côtes occidentales de l'Afrique, jusques et compris le cap de Bonne-Espérance, et dans les Indes occidentales ;

De deux ans pour celles qui étaient payables dans les Indes orientales.

Ces délais seront observés dans les mêmes proportions pour le recours à exercer contre les tireurs et endosseurs résidant dans les possessions françaises situées hors d'Europe.

Les délais ci-dessus, de six mois, d'un an et de deux ans, seront doublés en temps de guerre maritime. (**Co**, 164, 167 **s.**, 171 **s.**)

167. Si le porteur exerce son recours collectivement contre les endosseurs et le tireur, il jouit, à l'égard de chacun d'eux, du délai déterminé par les articles précédens.

Chacun des endosseurs a le droit d'exercer le même recours, ou individuellement, ou collectivement, dans le même délai.

A leur égard, le délai court du lendemain de la date de la citation en justice. (Co. 165 s., 168 s.)

168. Après l'expiration des délais ci-dessus,

Pour la présentation de la lettre de change à vue, ou à un ou plusieurs jours ou mois ou usances de vue,

Pour le protêt faute de paiement,

Pour l'exercice de l'action en garantie,

Le porteur de la lettre de change est déchu de tous droits contre les endosseurs. (Co. 160 s., 162, 164 s., 171.)

169. Les endosseurs sont également déchus de toute action en garantie contre leurs cédans, après les délais ci-dessus prescrits, chacun en ce qui le concerne. (Co. 160, 164 s.)

170. La même déchéance a lieu contre le porteur et les endosseurs, à l'égard du tireur lui-même, si ce dernier justifie qu'il y avait provision à l'échéance de la lettre de change.

Le porteur, en ce cas, ne conserve d'action que contre celui sur qui la lettre était tirée. (Co. 115 s., 160 s., 171.)

171. Les effets de la déchéance prononcée par les trois articles précédens, cessent en faveur du porteur, contre le tireur, ou contre celui des endosseurs qui, après l'expiration des délais fixés pour le protêt, la notification du protêt ou la citation en jugement, a reçu par compte, compensation ou autrement, les fonds destinés au paiement de la lettre de change. (Co. 168 s.)

172. Indépendamment des formalités prescrites pour l'exercice de l'action en garantie, le porteur d'une lettre de change protestée faute de paiement, peut, en obtenant la permission du juge, saisir conservatoirement les effets mobiliers des tireur, accepteurs et endosseurs. (Co. 164 s., — Pr. 557.)

§ XII. Des Protêts.

173. Les protêts faute d'acceptation ou de paiement, sont faits par deux notaires, ou par un notaire et deux témoins, ou par un huissier et deux témoins.

Le protêt doit être fait

Au domicile de celui sur qui la lettre de change était payable, ou à son dernier domicile connu,

Au domicile des personnes indiquées par la lettre de change pour la payer au besoin,

Au domicile du tiers qui a accepté par intervention;

Le tout par un seul et même acte.

En cas de fausse indication de domicile, le protêt est précédé d'un acte de perquisition. (Co. 119, 162 s., 175, 184 s., 187, 189, 448.)[1]

174. L'acte de protêt contient

La transcription littérale de la lettre de change, de l'acceptation, des endossemens, et des recommandations qui y sont indiquées,

La sommation de payer le montant de la lettre de change.

Il énonce

La présence ou l'absence de celui qui doit payer,

Les motifs du refus de payer, et l'impuissance ou le refus de signer.

175. Nul acte, de la part du porteur de la lettre de change, ne peut suppléer l'acte de protêt, hors le cas prévu par les articles 150 et suivans, touchant la perte de la lettre de change.

176. Les notaires et les huissiers sont tenus, à peine de destitution, dépens, dommages-intérêts envers les parties, de laisser copie exacte des protêts, et de les inscrire en entier, jour par jour et par ordre de dates, dans un registre particulier, coté, paraphé, et tenu dans les formes prescrites pour les répertoires. (Co. *Compte de Ret.*, 181. — C. 1146 s. — Pr. 71, 132, 1031.)

§ XIII. Du Rechange.

177. Le rechange s'effectue par une retraite. (Co. *Retraite*, 180 s.; *Billet à ordre*, 187; *Déchéance*, 168.)

178. La retraite est une nouvelle lettre de change, au moyen de laquelle le porteur se rembourse sur le tireur, ou sur l'un des endosseurs, du principal de la lettre protestée, de ses frais, et du nouveau change qu'il paie. (Co. 110 s.; *Compte de Ret.*, 181 s.; *Intérêts*, 184 s.)

179. Le rechange se règle, à l'égard du tireur, par le cours du change du lieu où la lettre de change était payable, sur le lieu d'où elle a été tirée.

Il se règle, à l'égard des endosseurs, par le cours du change du lieu où la lettre de change a été remise ou négociée par eux, sur le lieu où le remboursement s'effectue. (Co. *Cours*, 71 s., 181 s.)

180. La retraite est accompagnée d'un compte de retour.

181. Le compte de retour comprend

Le principal de la lettre de change protestée,

Les frais de protêt et autres frais légitimes, tels que commission de banque, courtage, timbre et ports de lettres.

[1] *Avis du C. d'État* 25 janvier 1807, sur les formes à observer pour les protêts des lettres de change et des billets de commerce.

Le conseil d'État,

Vu ledit article 68, est d'avis que par l'article 68 du Code de procédure civile, on n'a point entendu déroger aux lois du commerce concernant les protêts des lettres de change et billets de commerce, sans néanmoins qu'on puisse arguer de nullité contre les protêts qui, avant la publication de cet avis, auraient pu être faits dans les formes indiquées par ledit article.

Il énonce le nom de celui sur qui la retraite est faite, et le prix du change auquel elle est négociée.

Il est certifié par un agent de change.

Dans les lieux où il n'y a pas d'agent de change, il est certifié par deux commerçans.

Il est accompagné de la lettre de change protestée, du protêt, ou d'une expédition de l'acte de protêt.

Dans le cas où la retraite est faite sur l'un des endosseurs, elle est accompagnée, en outre, d'un certificat qui constate le cours du change du lieu où la lettre de change était payable, sur le lieu d'où elle a été tirée. (**Co.** 178 s., 182 s., 186.)

182. Il ne peut être fait plusieurs comptes de retour sur une même lettre de change.

Ce compte de retour est remboursé d'endosseur à endosseur respectivement, et définitivement par le tireur.

183. Les rechanges ne peuvent être cumulés. Chaque endosseur n'en supporte qu'un seul, ainsi que le tireur.

184. L'intérêt du principal de la lettre de change protestée faute de paiement, est dû à compter du jour du protêt. (**Co.** 162, 173, 187.)[1]

185. L'intérêt des frais de protêt, rechange, et autres frais légitimes, n'est dû qu'à compter du jour de la demande en justice.

186. Il n'est point dû de rechange, si le compte de retour n'est point accompagné des certificats d'agens de change ou de commerçans, prescrits par l'article 181.

SECTION II.

Du Billet à ordre.

187. Toutes les dispositions relatives aux lettres de change, et concernant (**Co.** 110.)

L'échéance, (**Co.** 129.)

L'endossement, (**Co.** 136 s.)

La solidarité, (**Co.** 140 s.)

L'aval, (**Co.** 141.)

Le paiement, (**Co.** 143 s.)

Le paiement par intervention, (**Co** 158 s.)

Le protêt, (**Co.** 160 s.)

Les devoirs et droits du porteur, (**Co.** 173 s.)

Le rechange ou les intérêts, (177 s.)

sont applicables aux billets à ordre, sans préjudice des dispositions relatives aux cas prévus par les articles 636, 637 et 638. (**Co.** 117 s., 184 s.; *Prescript.*, 189; *Compét.*, 634, 636 s. — **C.** 1326.)

188. Le billet à ordre est daté.

Il énonce

[1] V. *Loi* 3 septembre 1807.

La somme à payer,

Le nom de celui à l'ordre de qui il est souscrit,

L'époque à laquelle le paiement doit s'effectuer,

La valeur qui a été fournie en espèces, en marchandises, en compte, ou de toute autre manière. (Co. 110, 636 s.)

SECTION III.

De la Prescription.

189. Toutes actions relatives aux lettres de change, et à ceux des billets à ordre souscrits par des négocians, marchands ou banquiers, ou pour faits de commerce, se prescrivent par cinq ans, à compter du jour du protêt, ou de la dernière poursuite juridique, s'il n'y a eu condamnation, ou si la dette n'a été reconnue par acte séparé.

Néanmoins les prétendus débiteurs seront tenus, s'ils en sont requis, d'affirmer, sous serment, qu'ils ne sont plus redevables ; et leurs veuves, héritiers ou ayans-cause, qu'ils estiment de bonne foi qu'il n'est plus rien dû. (Co. 110, 155 *et la n.*, 187. — C. 1357 s., 2278. — Pr. 120 s.)

LIVRE DEUXIÈME.

DU COMMERCE MARITIME. [1]

(Tit. Ier. — VIII. — IX. — X. — XI. — XIV. Lois décrétées le 15 septembre 1807. Promulguées le 25.)

TITRE PREMIER.

DES NAVIRES ET AUTRES BATIMENS DE MER.

190. Les navires et autres bâtimens de mer sont meubles.

Néanmoins ils sont affectés aux dettes du vendeur, et spécialement à celles que la loi déclare privilégiées. (Co. 191 s., 197, 280. — C. 531, 2100 s. — Pr. 620.)

191. Sont privilégiées, et dans l'ordre où elles sont rangées, les dettes ci-après désignées : (Co. 192 s., 199, 214, 331.)

1o Les frais de justice et autres, faits pour parvenir à la vente et à la distribution du prix ; (Co. 192, *nos* 1, 3.)

1. V. 9 août 1791, *Décret* relatif à la police de la navigation et des ports de commerce ; — 27 vendémiaire an II, *Décret* concernant des dispositions relatives à l'acte de navigation. — 12 février 1815, *Ord.* concernant le cabotage. — 3 décembre 1817, *Ord.* concernant les pavillons.

2° Les droits de pilotage, tonnage, cale, amarrage et bassin ou avant-bassin; (Co. 192, n° 2.)

3° Les gages du gardien, et frais de garde du bâtiment, depuis son entrée dans le port jusqu'à la vente; (Co. 192, n° 3.)

4°. Le loyer des magasins où se trouvent déposés les agrès et les apparaux; (Co. 192, n° 3.)

5°. Les frais d'entretien du bâtiment et de ses agrès et apparaux, depuis son dernier voyage et son entrée dans le port; (Co. 192, n° 3.)

6° Les gages et loyers du capitaine et autres gens de l'équipage employés au dernier voyage; (Co. 192, n° 4, 271.)

7° Les sommes prêtées au capitaine pour les besoins du bâtiment pendant le dernier voyage, et le remboursement du prix des marchandises par lui vendues pour le même objet; (Co. 192, n° 5.)

8° Les sommes dues au vendeur, aux fournisseurs et ouvriers employés à la construction, si le navire n'a point encore fait de voyage; et les sommes dues aux créanciers pour fournitures, travaux, main d'œuvre, pour radoub, victuailles, armement et équipement, avant le départ du navire, s'il a déjà navigué; (Co. 192, n° 6.)

9° Les sommes prêtées à la grosse sur le corps, quille, agrès, apparaux, pour radoub, victuailles, armement et équipement, avant le départ du navire; (Co. 192, n° 7, 312, 320 s.)

10° Le montant des primes d'assurance faites sur le corps, quille, agrès, apparaux, et sur armement et équipement du navire, dues pour le dernier voyage; (Co. 192, n° 8.)

11° Les dommages-intérêts dus aux affréteurs, pour le défaut de délivrance des marchandises qu'ils ont chargées, ou pour remboursement des avaries souffertes par lesdites marchandises par la faute du capitaine ou de l'équipage. (Co. 192, n° 9.)

Les créanciers compris dans chacun des numéros du présent article viendront en concurrence, et au marc le franc, en cas d'insuffisance du prix.

192. Le privilége accordé aux dettes énoncées dans le précédent article, ne peut être exercé qu'autant qu'elles seront justifiées dans les formes suivantes : (Co. 193.)

1° Les frais de justice seront constatés par les états de frais arrêtés par les tribunaux compétens;

2° Les droits de tonnage et autres, par les quittances légales des receveurs;

3° Les dettes désignées par les numéros 1, 3, 4 et 5 de l'article 191, seront constatées par des états arrêtés par le président du tribunal de commerce;

4° Les gages et loyers de l'équipage, par les rôles d'armement et désarmement arrêtés dans les bureaux de l'inscription maritime; (Co. 250.)

5° Les sommes prêtées et la valeur des marchandises vendues

pour les besoins du navire pendant le dernier voyage, par des états arrêtés par le capitaine, appuyés de procès-verbaux signés par le capitaine et les principaux de l'équipage, constatant la nécessité des emprunts;

6° La vente du navire par un acte ayant date certaine, et les fournitures pour l'armement, équipement et victuailles du navire, seront constatées par les mémoires, factures ou états visés par le capitaine, et arrêtés par l'armateur, dont un double sera déposé au greffe du tribunal de commerce avant le départ du navire, ou, au plus tard, dans les dix jours après son départ;

7° Les sommes prêtées à la grosse sur le corps, quille, agrès, apparaux, armement et équipement, avant le départ du navire, seront constatées par des contrats passés devant notaires, ou sous signature privée, dont les expéditions ou doubles seront déposés au greffe du tribunal de commerce dans les dix jours de leur date.

8° Les primes d'assurances seront constatées par les polices ou par les extraits des livres des courtiers d'assurances;

9° Les dommages-intérêts dus aux affréteurs seront constatés par les jugemens, ou par les décisions arbitrales qui seront intervenues.

193. Les priviléges des créanciers seront éteints,

Indépendamment des moyens généraux d'extinction des obligations,

Par la vente en justice faite dans les formes établies par le titre suivant;

Ou lorsqu'après une vente volontaire, le navire aura fait un voyage en mer sous le nom et aux risques de l'acquéreur, et sans opposition de la part des créanciers du vendeur. (**Co.** 194, 196, 197 **s.** — **C.** 1234 **s.**)

194. Un navire est censé avoir fait un voyage en mer,

Lorsque son départ et son arrivée auront été constatés dans deux ports différens et trente jours après le départ;

Lorsque, sans être arrivé dans un autre port, il s'est écoulé plus de soixante jours entre le départ et le retour dans le même port, ou lorsque le navire, parti pour un voyage de long cours, a été plus de soixante jours en voyage, sans réclamation de la part des créanciers du vendeur.

195. La vente volontaire d'un navire doit être faite par écrit, et peut avoir lieu par acte public, ou par acte sous signature privée.

Elle peut être faite pour le navire entier, ou pour une portion du navire.

Le navire étant dans le port ou en voyage. (**Co.** 633. — **C.** 1317 **s.**, 1322 **s.**)

196. La vente volontaire d'un navire en voyage ne préjudicie pas aux créanciers du vendeur.

En conséquence, nonobstant la vente, le navire ou son prix continue d'être le gage desdits créanciers, qui peuvent même, s'ils le jugent convenable, attaquer la vente pour cause de fraude. (Co. 190, 193.)

TITRE DEUXIÈME.

DE LA SAISIE ET VENTE DES NAVIRES.

197. Tous bâtimens de mer peuvent être saisis et vendus par autorité de justice; et le privilége des créanciers sera purgé par les formalités suivantes. (Co. 191, 215. — Pr. 545 s.)

198. Il ne pourra être procédé à la saisie que vingt-quatre heures après le commandement de payer. (Co. 199 s. — Pr. 551 s., 583 s.)

199. Le commandement devra être fait à la personne du propriétaire ou à son domicile, s'il s'agit d'une action générale à exercer contre lui.

Le commandement pourra être fait au capitaine du navire, si la créance est du nombre de celles qui sont susceptibles de privilége sur le navire, aux termes de l'article 191.

200. L'huissier énonce dans le procès-verbal,

Les nom, profession et demeure du créancier pour qui il agit;

Le titre en vertu duquel il procède;

La somme dont il poursuit le paiement;

L'élection de domicile faite par le créancier dans le lieu où siége le tribunal devant lequel la vente doit être poursuivie, et dans le lieu où le navire saisi est amarré;

Les noms du propriétaire et du capitaine;

Le nom, l'espèce et le tonnage du bâtiment.

Il fait l'énonciation et la description des chaloupes, canots, agrès, ustensiles, armes, munitions et provisions.

Il établit un gardien. (Co. 204, 627. — Pr. 442, 583 s., 596.) [1]

[1] *Avis du C. d'État* 17 mai 1809, portant que la connaissance des ventes des navires saisis appartient aux tribunaux ordinaires.

Le conseil d'État qui, d'après le renvoi ordonné par Sa Majesté, a entendu le rapport de la section de législation sur celui du grand juge ministre de la justice, tendant à faire décider à qui des tribunaux ordinaires ou des tribunaux de commerce il appartient de connaître des ventes des navires saisis;

Considérant qu'aux termes de l'article 442 du Code de procédure civile, les tribunaux de commerce ne peuvent connaître de l'exécution de leurs jugemens;

Que la vente des navires saisis ne peut être faite sans le ministère d'avoués, puisque l'article 204 du Code de commerce porte expressément que le nom de l'avoué du poursuivant doit être désigné dans les criées, publications et affiches;

Que le ministère des avoués est interdit dans les tribunaux de commerce par l'article 414 du Code de procédure, et par l'article 627 du Code de commerce;

201. Si le propriétaire du navire saisi demeure dans l'arrondissement du tribunal, le saisissant doit lui faire notifier, dans le délai de trois jours, copie du procès-verbal de saisie, et le faire citer devant le tribunal, pour voir procéder à la vente des choses saisies.

Si le propriétaire n'est point domicilié dans l'arrondissement du tribunal, les significations et citations lui sont données à la personne du capitaine du bâtiment saisi, ou, en son absence, à celui qui représente le propriétaire ou le capitaine; et le délai de trois jours est augmenté d'un jour à raison de deux myriamètres et demi (cinq lieues) de la distance de son domicile.

S'il est étranger et hors de France, les citations et significations sont données ainsi qu'il est prescrit par le Code de Procédure civile, article 69.

202. Si la saisie a pour objet un bâtiment dont le tonnage soit au-dessus de dix tonneaux,

Il sera fait trois criées et publications des objets en vente.

Les criées et publications seront faites consécutivement, de huitaine en huitaine, à la bourse et dans la principale place publique du lieu où le bâtiment est amarré.

L'avis en sera inséré dans un des papiers publics imprimés dans le lieu où siége le tribunal devant lequel la saisie se poursuit; et, s'il n'y en a pas, dans l'un de ceux qui seraient imprimés dans le département. (Co. 207.)

203. Dans les deux jours qui suivent chaque criée et publication, il est apposé des affiches,

Au grand mât du bâtiment saisi,

A la porte principale du tribunal devant lequel on procède,

Dans la place publique et sur le quai du port où le bâtiment est amarré, ainsi qu'à la bourse de commerce. (Pr. 620.)

204. Les criées, publications et affiches doivent désigner

Les nom, profession et demeure du poursuivant,

Les titres en vertu desquels il agit,

Le montant de la somme qui lui est due,

L'élection de domicile par lui faite dans le lieu où siége le tribunal, et dans le lieu où le bâtiment est amarré,

Que de ces diverses dispositions il résulte que la vente des navires saisis ne peut avoir lieu devant les tribunaux de commerce;

Qu'enfin, il ne peut être établi aucune assimilation entre les tribunaux de commerce actuels et les amirautés; qu'il existait auprès des amirautés un officier du ministère public; que le ministère des procureurs, loin d'y être interdit, y était nécessaire, et qu'elles connaissaient de l'exécution de leurs jugemens; que si, dans cet état, les amirautés ont dû connaître des ventes des navires saisis, la raison contraire en exclut les tribunaux de commerce,

Est d'avis que la connaissance des ventes des navires saisis appartient aux tribunaux ordinaires, et que le présent avis soit inséré au Bulletin des lois.

Le nom et domicile du propriétaire du navire saisi,

Le nom du bâtiment, et, s'il est armé ou en armement, celui du capitaine,

Le tonnage du navire,

Le lieu où il est gisant ou flottant,

Le nom de l'avoué du poursuivant,

La première mise à prix,

Les jours des audiences auxquelles les enchères seront reçues.

205. Après la première criée, les enchères seront reçues le jour indiqué par l'affiche.

Le juge commis d'office pour la vente continue de recevoir les enchères après chaque criée, de huitaine en huitaine, à jour certain fixé par son ordonnance.

206. Après la troisième criée, l'adjudication est faite au plus offrant et dernier enchérisseur, à l'extinction des feux, sans autre formalité.

Le juge commis d'office peut accorder une ou deux remises, de huitaine chacune.

Elles sont publiées et affichées.

207. Si la saisie porte sur des barques, chaloupes et autres bâtimens du port de dix tonneaux et au-dessous, l'adjudication sera faite à l'audience, après la publication sur le quai pendant trois jours consécutifs, avec affiche au mât, ou, à défaut, en autre lieu apparent du bâtiment, et à la porte du tribunal.

Il sera observé un délai de huit jours francs entre la signification de la saisie et la vente. (**Co**. 202. — **Pr**. 620.)

208. L'adjudication du navire fait cesser les fonctions du capitaine; sauf à lui à se pourvoir en dédommagement contre qui de droit. (**Co**. 221 **s**.)

209. Les adjudicataires des navires de tout tonnage seront tenus de payer le prix de leur adjudication dans le délai de vingt-quatre heures, ou de le consigner, sans frais, au greffe du tribunal de commerce, à peine d'y être contraints par corps.

A défaut de paiement ou de consignation, le bâtiment sera remis en vente, et adjugé trois jours après une nouvelle publication et affiche unique, à la folle enchère des adjudicataires, qui seront également contraints par corps pour le paiement du déficit, des dommages, des intérêts et des frais. (**Pr**. 737, 744.) [1]

210. Les demandes en distraction seront formées et notifiées au greffe du tribunal avant l'adjudication.

Si les demandes en distraction ne sont formées qu'après l'adjudi-

[1] La consignation doit être faite à la caisse des dépôts et consignations dans les mains de ses préposés. *Ord.* 3 juillet 1816, *art.* 1, n° 6, et *art.* 11

cation, elles seront converties, de plein droit, en oppositions à la délivrance des sommes provenant de la vente. (**Pr.** 727 **s.**)

211. Le demandeur ou l'opposant aura trois jours pour fournir ses moyens.

La défendeur aura trois jours pour contredire.

La cause sera portée à l'audience sur une simple citation.

212. Pendant trois jours après celui de l'adjudication, les oppositions à la délivrance du prix seront reçues; passé ce temps, elles ne seront plus admises. (**Pr.** 557 **s.**)

213. Les créanciers opposans sont tenus de produire au greffe leurs titres de créance, dans les trois jours qui suivent la sommation qui leur en est faite par le créancier poursuivant ou par le tiers saisi; faute de quoi il sera procédé à la distribution du prix de la vente, sans qu'ils y soient compris. (**Pr.** 656 **s.**)

214. La collocation des créanciers et la distribution de deniers sont faites entre les créanciers privilégiés, dans l'ordre prescrit par l'article 191; et entre les autres créanciers, au marc le franc de leurs créances.

Tout créancier colloqué l'est tant pour son principal que pour les intérêts et frais.

215. Le bâtiment prêt à faire voile n'est pas saisissable, si ce n'est à raison de dettes contractées pour le voyage qu'il va faire; et même, dans ce dernier cas, le cautionnement de ces dettes empêche la saisie.

Le bâtiment est censé prêt à faire voile, lorsque le capitaine est muni de ses expéditions pour son voyage.

TITRE TROISIÈME.

DES PROPRIÉTAIRES DE NAVIRES.

216. Tout propriétaire de navire est civilement responsable des faits du capitaine, pour ce qui est relatif au navire et à l'expédition.

La responsabilité cesse par l'abandon du navire et du fret. (**Co.** 191, 221 **s.**, 286 **s.**, 353, 405, 407.)

217. Les propriétaires des navires équipés en guerre ne seront toutefois responsables des délits et déprédations commis en mer par les gens de guerre qui sont sur leurs navires, ou par les équipages, que jusqu'à concurrence de la somme pour laquelle ils auront donné caution, à moins qu'ils n'en soient participans ou complices. (**Co.** 223.) [1]

[1] « Tout armateur de bâtimens armés en « course, ou en guerre et marchandises, sera

218. Le propriétaire peut congédier le capitaine.

Il n'y a pas lieu à indemnité, s'il n'y a convention par écrit. [1]

219. Si le capitaine congédié est copropriétaire du navire, il peut renoncer à la copropriété, et exiger le remboursement du capital qui la représente.

Le montant de ce capital est déterminé par des experts convenus, ou nommés d'office.

220. En tout ce qui concerne l'intérêt commun des propriétaires d'un navire, l'avis de la majorité est suivi.

La majorité se détermine par une portion d'intérêt dans le navire, excédant la moitié de sa valeur.

La licitation du navire ne peut être accordée que sur la demande des propriétaires, formant ensemble la moitié de l'intérêt total dans le navire, s'il n'y a, par écrit, convention contraire.

TITRE QUATRIÈME.

DU CAPITAINE. [2]

221. Tout capitaine, maître ou patron, chargé de la conduite d'un navire ou autre bâtiment, est garant de ses fautes, même légères, dans l'exercice de ses fonctions. (**Co.** 216 s., 230, 236 s., 241, 293 s., 405, 407, 435. — **C.** 1992.)

222. Il est responsable des marchandises dont il se charge.

Il en fournit une reconnaissance.

Cette reconnaissance se nomme *connaissement*. (**Co.** 226, 228 s., 236 s., 239 s., 281 s., 420.)

223. Il appartient au capitaine de former l'équipage du vaisseau, et de choisir et louer les matelots et autres gens de l'équipage; ce qu'il fera néanmoins de concert avec les propriétaires, lorsqu'il sera dans le lieu de leur demeure. (**Co.** 217, 250 s.)

224. Le capitaine tient un registre coté et paraphé par l'un des

« tenu de fournir un cautionnement par écrit « de la somme de 37,000 fr.

« Et si l'état-major et la mestrance, l'équi- « page et la garnison comprennent en tout « plus de 150 hommes, le cautionnement sera « de 74,000 fr.

« Dans ce dernier cas, le cautionnement « sera fourni solidairement par l'armateur, « deux cautions non intéressées dans l'arme- « ment, et par le capitaine. » (*Arr.* 3 prairial an XI, *armement en course, art.* 20.)

[1] V. *Arrêté* 5 germinal an XII, relatif à la conduite accordée aux gens de mer naviguant pour le commerce.

[2] Conditions exigées pour être capitaine : V. *L.* 3 brumaire an IV, *art.* 9; 29 thermidor an VIII; 11 thermidor an X.

juges du tribunal de commerce, ou par le maire ou son adjoint, dans les lieux où il n'y a pas de tribunal de commerce.

Ce registre contient

Les résolutions prises pendant le voyage,

La recette et la dépense concernant le navire, et généralement tout ce qui concerne le fait de sa charge, et tout ce qui peut donner lieu à un compte à rendre, à une demande à former. (Co. 242, 397.)

225. Le capitaine est tenu, avant de prendre charge, de faire visiter son navire, aux termes et dans les formes prescrites par les règlemens. (*L.* 9, 13 *août* 1791, *titre* 3; *D.* 22 *nivôse an* XIII.)

Le procès-verbal de visite est déposé au greffe du tribunal de commerce; il en est délivré extrait au capitaine. (Co. 226, 297, 430.)[1]

226. Le capitaine est tenu d'avoir à bord

L'acte de propriété du navire, (Co. 195.)

L'acte de francisation,

Le rôle d'équipage, (Co. 250.)

Les connaissemens et chartes-parties, (Co. 222.)

Les procès-verbaux de visite, (Co. 225.)

Les acquits de paiemens ou à caution des douanes. (Co. 228.)

227. Le capitaine est tenu d'être en personne dans son navire, à l'entrée et à la sortie des ports, havres ou rivières. (Co. 238, 241. V. *D.* 12 *décembre* 1806, *art.* 32.)

228. En cas de contravention aux obligations imposées par les quatre articles précédens, le capitaine est responsable de tous les événemens envers les intéressés au navire et au chargement.

229. Le capitaine répond également de tout le dommage qui peut arriver aux marchandises qu'il aurait chargées sur le tillac de son vaisseau sans le consentement par écrit du chargeur.

Cette disposition n'est point applicable au petit cabotage. (Co. 239 s., 421, 103 s., 107.)

230. La responsabilité du capitaine ne cesse que par la preuve d'obstacles de force majeure.

231. Le capitaine et les gens de l'équipage qui sont à bord, ou qui sur les chaloupes se rendent à bord pour faire voile, ne peuvent être arrêtés pour dettes civiles, si ce n'est à raison de celles qu'ils auront contractées pour le voyage; et même, dans ce dernier cas, ils ne peuvent être arrêtés, s'ils donnent caution. (C. 2060 s., 2070.)

232. Le capitaine, dans le lieu de la demeure des propriétaires ou de leurs fondés de pouvoir, ne peut, sans leur autorisation spé-

[1] V. *Ord.* 29 octobre 1833 concernant les fonctions des consuls dans leur rapport avec la marine commerçante, *art.* 43; Code civil, *art.* 59, 86, concernant les naissances et décès pendant un voyage en mer.

ciale, faire travailler au radoub du bâtiment, acheter des voiles cordages et autres choses pour le bâtiment, prendre à cet effet de l'argent sur le corps du navire, ni fréter le navire. (Co. 236 s.. 321.)

233. Si le bâtiment était frété du consentement des proprié, taires, et que quelques-uns d'eux fissent refus de contribuer aux frais nécessaires pour l'expédier, le capitaine pourra, en ce cas, vingt-quatre heures après sommation faite aux refusans de fournir leur contingent, emprunter à la grosse pour leur compte sur leur portion d'intérêt dans le navire, avec autorisation du juge. (Co. 322.)

234. Si, pendant le cours du voyage, il y a nécessité de radoub, ou d'achat de victuailles, le capitaine, après l'avoir constaté par un procès-verbal signé des principaux de l'équipage, pourra, en se faisant autoriser en France par le tribunal de commerce, ou, à défaut, par le juge de paix, chez l'étranger par le consul français, ou, à défaut, par le magistrat des lieux, emprunter sur le corps et quille du vaisseau, mettre en gage ou vendre des marchandises jusqu'à concurrence de la somme que les besoins constatés exigent.

Les propriétaires, ou le capitaine qui les représente, tiendront compte des marchandises vendues, d'après le cours des marchandises de même nature et qualité dans le lieu de la décharge du navire, à l'époque de son arrivée. (Co. 191, 236, 298, 312, 400.)

235. Le capitaine, avant son départ d'un port étranger ou des colonies françaises pour revenir en France, sera tenu d'envoyer à ses propriétaires ou à leurs fondés de pouvoir, un compte signé de lui contenant l'état de son chargement, le prix des marchandises de sa cargaison, les sommes par lui empruntées, les noms et demeures des prêteurs.

236. Le capitaine qui aura, sans nécessité, pris de l'argent sur le corps, avitaillement ou équipement du navire, engagé ou vendu des marchandises ou des victuailles, ou qui aura employé dans ses comptes des avaries et des dépenses supposées, sera responsable envers l'armement, et personnellement tenu du remboursement de l'argent ou du paiement des objets, sans préjudice de la poursuite criminelle, s'il y a lieu. (Co. 234, 298.)

237. Hors le cas d'innavigabilité légalement constatée, le capitaine ne peut, à peine de nullité de la vente, vendre le navire sans un pouvoir spécial des propriétaires. (Co. 241, 390 s.)

238. Tout capitaine de navire, engagé pour un voyage, est tenu de l'achever, à peine de tous dépens, dommages-intérêts envers les propriétaires et les affréteurs. (Co. 241, 252 s.)

239. Le capitaine qui navigue à profit commun sur le chargement, ne peut faire aucun trafic ni commerce pour son compte particulier, s'il n'y a convention contraire. (Co. 251.)

240. En cas de contravention aux dispositions mentionnées dans l'article précédent, les marchandises embarquées par le capitaine pour son compte particulier, sont confisquées au profit des autres intéressés.

241. Le capitaine ne peut abandonner son navire pendant le voyage, pour quelque danger que ce soit, sans l'avis des officiers et principaux de l'équipage; et, en ce cas, il est tenu de sauver avec lui l'argent et ce qu'il pourra des marchandises les plus précieuses de son chargement, sous peine d'en répondre en son propre nom.

Si les objets ainsi tirés du navire sont perdus par quelque cas fortuit, le capitaine en demeurera déchargé. (Co. 230, 246 s., 296, 391, 410 s.)

242. Le capitaine est tenu, dans les vingt-quatre heures de son arrivée, de faire viser son registre, et de faire son rapport.

Le rapport doit énoncer

Le lieu et le temps de son départ,

La route qu'il a tenue,

Les hasards qu'il a courus,

Les désordres arrivés dans le navire, et toutes les circonstances remarquables de son voyage. (Co. 243 s., 247 s.)

243. Le rapport est fait au greffe devant le président du tribunal de commerce.

Dans les lieux où il n'y a pas de tribunal de commerce, le rapport se fait au juge de paix de l'arrondissement.

Le juge de paix qui a reçu le rapport, est tenu de l'envoyer, sans délai, au président du tribunal de commerce le plus voisin.

Dans l'un et l'autre cas, le dépôt en est fait au greffe du tribunal de commerce.

244. Si le capitaine aborde dans un port étranger, il est tenu de se présenter au consul de France, de lui faire un rapport, et de prendre un certificat constatant l'époque de son arrivée et de son départ, l'état et la nature de son chargement. [1]

245. Si, pendant le cours du voyage, le capitaine est obligé de relâcher dans un port français, il est tenu de déclarer au président du tribunal de commerce du lieu les causes de sa relâche.

Dans les lieux où il n'y a pas de tribunal de commerce, la déclaration est faite au juge de paix du canton.

Si la relâche forcée a lieu dans un port étranger, la déclaration est faite au consul de France, ou, à son défaut, au magistrat du lieu.

[1] V. *Ord.* 29 octobre 1833, sur les fonctions des consuls dans leurs rapports avec la marine commerçante, *art.* 10 *s.*

246. Le capitaine qui a fait naufrage, et qui s'est sauvé seul ou avec partie de son équipage, est tenu de se présenter devant le juge du lieu, ou, à défaut de juge, devant toute autre autorité civile, d'y faire son rapport, de le faire vérifier par ceux de son équipage qui se seraient sauvés et se trouveraient avec lui, et d'en lever expédition. (Co. 248, 258 s., 298, 412 s.)

247. Pour vérifier le rapport du capitaine, le juge reçoit l'interrogatoire des gens de l'équipage, et, s'il est possible, des passagers, sans préjudice des autres preuves.

Les rapports non vérifiés ne sont point admis à la décharge du capitaine, et ne font point foi en justice, excepté dans le cas où le capitaine naufragé s'est sauvé seul dans le lieu où il a fait son rapport.

La preuve des faits contraires est réservée aux parties.

248. Hors les cas de péril imminent, le capitaine ne peut décharger aucune marchandise avant d'avoir fait son rapport, à peine de poursuites extraordinaires contre lui. (Co. 242.)

249. Si les victuailles du bâtiment manquent pendant le voyage, le capitaine, en prenant l'avis des principaux de l'équipage, pourra contraindre ceux qui auront des vivres en particulier de les mettre en commun, à la charge de leur en payer la valeur. (Co. 234.)

TITRE CINQUIÈME.

DE L'ENGAGEMENT ET DES LOYERS DES MATELOTS ET GENS DE L'ÉQUIPAGE.

250. Les conditions d'engagement du capitaine et des hommes d'équipage d'un navire sont constatés par le rôle d'équipage, ou par les conventions des parties. (Co. 218, 226, 238, 270 s., 633.)

251. Le capitaine et les gens de l'équipage ne peuvent, sous aucun prétexte, charger dans le navire aucune marchandise pour leur compte, sans la permission des propriétaires et sans en payer le fret, s'ils n'y sont autorisés par l'engagement. (Co. 239.)

252. Si le voyage est rompu par le fait des propriétaires, capitaine ou affréteurs, avant le départ du navire, les matelots loués au voyage ou au mois sont payés des journées par eux employées à l'équipement du navire. Ils retiennent pour indemnité les avances reçues.

Si les avances ne sont pas encore payées, ils reçoivent pour indemnité un mois de leurs gages convenus.

Si la rupture arrive après le voyage commencé, les matelots loués au voyage sont payés en entier aux termes de leur convention.

Les matelots loués au mois reçoivent leurs loyers stipulés pour le temps qu'ils ont servi, et en outre, pour indemnité, la moitié de leurs gages pour le reste de la durée présumée du voyage pour lequel ils étaient engagés.

Les matelots loués au voyage ou au mois reçoivent, en outre, leur conduite de retour jusqu'au lieu du départ du navire, à moins que le capitaine, les propriétaires ou affréteurs, ou l'officier d'administration, ne leur procurent leur embarquement sur un autre navire revenant audit lieu de leur départ. (Co. 218, 238, 253 s., 272, 288 s., 319, 349.)

253. S'il y a interdiction de commerce avec le lieu de la destination du navire, ou si le navire est arrêté par ordre du Gouvernement avant le voyage commencé,

Il n'est dû aux matelots que les journées employées à équiper le bâtiment. (Co. 276, 299.)

254. Si l'interdiction de commerce ou l'arrêt du navire arrive pendant le cours du voyage,

Dans le cas d'interdiction, les matelots sont payés à proportion du temps qu'ils auront servi;

Dans le cas de l'arrêt, le loyer des matelots engagés au mois court pour moitié pendant le temps de l'arrêt;

Le loyer des matelots engagés au voyage est payé aux termes de leur engagement. (Co. 319, 633.)

255. Si le voyage est prolongé, le prix des loyers des matelots engagés au voyage est augmenté à proportion de la prolongation. (Co. 257 s., 272.)

256. Si la décharge du navire se fait volontairement dans un lieu plus rapproché que celui qui est désigné par l'affrétement, il ne leur est fait aucune diminution.

257. Si les matelots sont engagés au profit ou au fret, il ne leur est dû aucun dédommagement ni journées pour la rupture, le retardement ou la prolongation de voyage occasionnés par force majeure.

Si la rupture, le retardement ou la prolongation arrivent par le fait des chargeurs, les gens de l'équipage ont part aux indemnités qui sont adjugées au navire.

Ces indemnités sont partagées entre les propriétaires du navire et les gens de l'équipage, dans la même proportion que l'aurait été le fret.

Si l'empêchement arrive par le fait du capitaine ou des propriétaires, ils sont tenus des indemnités dues aux gens de l'équipage,

258. En cas de prise, de bris et naufrage, avec perte entière du navire et des marchandises, les matelots ne peuvent prétendre aucun loyer.

Ils ne sont point tenus de restituer ce qui leur a été avancé sur leurs loyers. (Co. 246, 272, 300, 304.)

259. Si quelque partie du navire est sauvée, les matelots engagés au voyage ou au mois sont payés de leurs loyers échus sur les débris du navire qu'ils ont sauvés.

Si les débris ne suffisent pas, ou s'il n'y a que des marchandises sauvées, ils sont payées de leurs loyers subsidiairement sur le fret. (Co. 327, 428.)

260. Les matelots engagés au fret sont payés de leurs loyers seulement sur le fret, à proportion de celui que reçoit le capitaine.

261. De quelque manière que les matelots soient loués, ils sont payés des journées par eux employées à sauver les débris et les effets naufragés.

262. Le matelot est payé de ses loyers, traité et pansé aux dépens du navire, s'il tombe malade pendant le voyage, ou s'il est blessé au service du navire. (Co. 264 s., 272.)

263. Le matelot est traité et pansé aux dépens du navire et du chargement, s'il est blessé en combattant contre les ennemis et les pirates. (Co 400.)

264. Si le matelot, sorti du navire sans autorisation, est blessé à terre, les frais de ses pansement et traitement sont à sa charge : il pourra même être congédié par le capitaine.

Ses loyers, en ce cas, ne lui seront payés qu'à proportion du temps qu'il aura servi.

265. En cas de mort d'un matelot pendant le voyage, si le matelot est engagé au mois, ses loyers sont dus à sa succession jusqu'au jour de son décès.

Si le matelot est engagé au voyage, la moitié de ses loyers est due s'il meurt en allant ou au port d'arrivée.

Le total de ses loyers est dû s'il meurt en revenant.

Si le matelot est engagé au profit ou au fret, sa part entière est due s'il meurt le voyage commencé.

Les loyers du matelot tué en défendant le navire, sont dus en entier pour tout le voyage, si le navire arrive à bon port.

266. Le matelot pris dans le navire et fait esclave ne peut rien prétendre contre le capitaine, les propriétaires ni les affréteurs, pour le paiement de son rachat.

Il est payé de ses loyers jusqu'au jour où il est pris et fait esclave.

267. Le matelot pris et fait esclave, s'il a été envoyé en mer ou à terre pour le service du navire, a droit à l'entier paiement de ses loyers.

Il a droit au paiement d'une indemnité pour son rachat, si le navire arrive à bon port. (Co. 269, 272.)

268. L'indemnité est due par les propriétaires du navire, si le matelot a été envoyé en mer ou à terre pour le service du navire.

L'indemnité est due par les propriétaires du navire et du chargement, si le matelot a été envoyé en mer ou à terre pour le service du navire et du chargement.

269. Le montant de l'indemnité est fixé à six cents francs.

Le recouvrement et l'emploi en seront faits suivant les formes déterminées par le Gouvernement, dans un règlement relatif au rachat des captifs.

270. Tout matelot qui justifie qu'il est congédié sans cause valable, a droit à une indemnité contre le capitaine.

L'indemnité est fixée au tiers des loyers, si le congé a lieu avant le voyage commencé.

L'indemnité est fixée à la totalité des loyers et aux frais du retour, si le congé a lieu pendant le cours du voyage.

Le capitaine ne peut, dans aucun des cas ci-dessus, répéter le montant de l'indemnité contre les propriétaires du navire.

Il n'y a pas lieu à indemnité, si le matelot est congédié avant la clôture du rôle d'équipage.

Dans aucun cas, le capitaine ne peut congédier un matelot dans les pays étrangers. [1]

271. Le navire et le fret sont spécialement affectés aux loyers des matelots. (Co. 191, 286 s., 307, 428.)[2]

272. Toutes les dispositions concernant les loyers, pansement et rachat des matelots, sont communes aux officiers et à tous autres gens de l'équipage. (Co. 252 s., 633.)

TITRE SIXIÈME

DES CHARTES-PARTIES, AFFRÉTEMENS OU NOLISSEMENS.

273. Toute convention pour louage d'un vaisseau, appelée *charte-partie, affrétement* ou *nolissement,* doit être rédigée par écrit.

[1] V. *Ord.* 29 octobre 1833, *art.* 24.

[2] V. *Arrêtés* 26 floréal, 5 germinal an XII

Elle énonce
Le nom et le tonnage du navire, (Co. 289 s.)
Le nom du capitaine,
Les noms du fréteur et de l'affréteur,
Le lieu et le temps convenus pour la charge et pour la décharge,
Le prix du fret ou nolis, (Co. 286 s.)
Si l'affrétement est total ou partiel,
L'indemnité convenue pour les cas de retard. (Co. 226, 228 s., 435.)

274. Si le temps de la charge et de la décharge du navire n'est point fixé par les conventions des parties, il est réglé suivant l'usage des lieux.

275. Si le navire est frété au mois, et s'il n'y a convention contraire, le fret court du jour où le navire a fait voile. (Co. 300.)

276. Si, avant le départ du navire, il y a interdiction de commerce avec le pays pour lequel il est destiné, les conventions sont résolues sans dommages-intérêts de part ni d'autre.

Le chargeur est tenu des frais de la charge et de la décharge de ses marchandises. (Co. 253 s., 299.)

277. S'il existe une force majeure qui n'empêche que pour un temps la sortie du navire, les conventions subsistent, et il n'y a pas lieu à dommages-intérêts à raison du retard.

Elles subsistent également, et il n'y a lieu à aucune augmentation de fret, si la force majeure arrive pendant le voyage.

278. Le chargeur peut, pendant l'arrêt du navire, faire décharger ses marchandises à ses frais, à condition de les recharger ou d'indemniser le capitaine.

279. Dans le cas de blocus du port pour lequel le navire est destiné, le capitaine est tenu, s'il n'a des ordres contraires, de se rendre dans un des ports voisins de la même puissance où il lui sera permis d'aborder.

280. Le navire, les agrès et apparaux, le fret et les marchandises chargées, sont respectivement affectés à l'exécution des conventions des parties.

TITRE SEPTIÈME.

DU CONNAISSEMENT.

281. Le connaissement doit exprimer la nature et la quantité ainsi que les espèces ou qualités des objets à transporter.

Il indique
Le nom du chargeur,
Le nom et l'adresse de celui à qui l'expédition est faite,
Le nom et le domicile du capitaine,
Le nom et le tonnage du navire,
Le lieu du départ et celui de la destination.
Il énonce le prix du fret. (Co. 286 s.)
Il présente en marge les marques et numéros des objets à transporter. (Co. 222, 228, 283.)
Le connaissement peut être à ordre, ou au porteur, ou à personne dénommée. (Co. 136 s.)

282. Chaque connaissement est fait en quatre originaux au moins;
Un pour le chargeur,
Un pour celui à qui les marchandises sont adressées,
Un pour le capitaine,
Un pour l'armateur du bâtiment.
Les quatre originaux sont signés par le chargeur et par le capitaine, dans les vingt-quatre heures après le chargement.
Le chargeur est tenu de fournir au capitaine, dans le même délai, les acquits des marchandises chargées. (Co. 344, 420.)

283. Le connaissement rédigé dans la forme ci-dessus prescrite, fait foi entre toutes les parties intéressées au chargement, et entre elles et les assureurs.

284. En cas de diversité entre les connaissemens d'un même chargement, celui qui sera entre les mains du capitaine fera foi, s'il est rempli de la main du chargeur, ou de celle de son commissionnaire; et celui qui est présenté par le chargeur ou le consignataire sera suivi, s'il est rempli de la main du capitaine.

285. Tout commissionnaire ou consignataire qui aura reçu les marchandises mentionnées dans les connaissemens ou chartes-parties, sera tenu d'en donner reçu au capitaine qui le demandera, à peine de tous dépens, dommages-intérêts, même de ceux de retardement.

TITRE HUITIÈME.

DU FRET OU NOLIS.

286. Le prix du loyer d'un navire ou autre bâtiment de mer est appelé *fret* ou *nolis*.

Il est réglé par les conventions des parties.

Il est constaté par la charte-partie ou par le connaissement.

Il a lieu pour la totalité ou pour partie du bâtiment, pour un voyage entier ou pour un temps limité, au tonneau, au quintal, à forfait, ou à cueillette, avec désignation du tonnage du vaisseau. (Co. 273 s., 281 s., 307 s., 386, 433, 633.)

287. Si le navire est loué en totalité, et que l'affréteur ne lui donne pas toute sa charge, le capitaine ne peut prendre d'autres marchandises sans le consentement de l'affréteur.

L'affréteur profite du fret des marchandises qui complètent le chargement du navire qu'il a entièrement affrété. (Co. 229, 239 s., 251.)

288. L'affréteur qui n'a pas chargé la quantité de marchandises portée par la charte-partie, est tenu de payer le fret en entier, et pour le chargement complet auquel il s'est engagé. (Co. 273.)

S'il en charge davantage, il paie le fret de l'excédant sur le prix réglé par la charte-partie.

Si cependant l'affréteur, sans avoir rien chargé, rompt le voyage avant le départ, il paiera en indemnité, au capitaine, la moitié du fret convenu par la charte-partie pour la totalité du chargement qu'il devait faire.

Si le navire a reçu une partie de son chargement, et qu'il parte à non charge, le fret entier sera dû au capitaine. (Co. 252, 273, 291, 294, 349.)

289. Le capitaine qui a déclaré le navire d'un plus grand port qu'il n'est, est tenu des dommages-intérêts envers l'affréteur. (Co. 273.)

290. N'est réputé y avoir erreur en la déclaration du tonnage d'un navire, si l'erreur n'excède un quarantième, ou si la déclaration est conforme au certificat de jauge.

291. Si le navire est chargé à cueillette, soit au quintal, au tonneau ou à forfait, le chargeur peut retirer ses marchandises, avant le départ du navire, en payant le demi-fret.

Il supportera les frais de charge, ainsi que ceux de décharge et de rechargement des autres marchandises qu'il faudrait déplacer, et ceux du retardement. (Co. 288, 293.)

292. Le capitaine peut faire mettre à terre, dans le lieu du chargement, les marchandises trouvées dans son navire, si elles ne lui ont point été déclarées, ou en prendre le fret au plus haut prix qui sera payé dans le même lieu pour les marchandises de même nature.

293. Le chargeur qui retire ses marchandises pendant le voyage, est tenu de payer le fret en entier, et tous les frais de déplacement occasionnés par le déchargement : si les marchandises sont retirées pour cause des faits ou des fautes du capitaine, celui-ci est responsable de tous les frais. (Co. 221.)

294. Si le navire est arrêté au départ, pendant la route, ou au lieu de sa décharge, par le fait de l'affréteur, les frais du retardement sont dus par l'affréteur.

Si, ayant été frété pour l'aller et le retour, le navire fait son retour sans chargement ou avec un chargement incomplet, le fret entier est dû au capitaine, ainsi que l'intérêt du retardement.

295. Le capitaine est tenu des dommages-intérêts envers l'affréteur, si, par son fait, le navire a été arrêté ou retardé au départ, pendant sa route, ou au lieu de sa décharge.

Ces dommages-intérêts sont réglés par des experts. (Co. 216, 221.)

296. Si le capitaine est contraint de faire radouber le navire pendant le voyage, l'affréteur est tenu d'attendre, ou de payer le fret en entier.

Dans le cas où le navire ne pourrait être radoubé, le capitaine est tenu d'en louer un autre.

Si le capitaine n'a pu louer un autre navire, le fret n'est dû qu'à proportion de ce que le voyage est avancé. (Co. 237, 241, 391.)

297. Le capitaine perd son fret, et répond des dommages-intérêts de l'affréteur, si celui-ci prouve que, lorsque le navire a fait voile, il était hors d'état de naviguer.

La preuve est admissible nonobstant et contre les certificats de visite au départ. (Co. 225.)

298. Le fret est dû pour les marchandises que le capitaine a été contraint de vendre pour subvenir aux victuailles, radoub et autres nécessités pressantes du navire, en tenant par lui compte de leur valeur au prix que le reste ou autre pareille marchandise de même qualité sera vendu au lieu de la décharge, si le navire arrive à bon port.

Si le navire se perd, le capitaine tiendra compte des marchandises sur le pied qu'il les aura vendues, en retenant également le fret porté aux connaissemens. (Co. 234, 236, 246, 258.)

299. S'il arrive interdiction de commerce avec le pays pour lequel le navire est en route, et qu'il soit obligé de revenir avec son chargement, il n'est dû au capitaine que le fret de l'aller, quoique le vaisseau ait été affrété pour l'aller et le retour. (Co. 253, 276.)

300. Si le vaisseau est arrêté dans le cours de son voyage par l'ordre d'une puissance,

Il n'est dû aucun fret pour le temps de sa détention, si le navire est affrété au mois; ni augmentation de fret, s'il est loué au voyage.

La nourriture et les loyers de l'équipage pendant la détention du navire, sont réputés avaries. (Co. 258 s., 275, 397 s.)

301. La capitaine est payé du fret des marchandises jetées à la mer pour le salut commun, à la charge de contribution.

302. Il n'est dû aucun fret pour les marchandises perdues par naufrage ou échouement, pillées par des pirates ou prises par les ennemis.

Le capitaine est tenu de restituer le fret qui lui aura été avancé, s'il n'y a convention contraire. (Co. 246 s., 258 s.)

303. Si le navire et les marchandises sont rachetés, ou si les marchandises sont sauvées du naufrage, le capitaine est payé du fret jusqu'au lieu de la prise ou du naufrage.

Il est payé du fret entier en contribuant au rachat, s'il conduit les marchandises au lieu de leur destination.

304. La contribution pour le rachat se fait sur le prix courant des marchandises au lieu de leur décharge, déduction faite des frais, et sur la moitié du navire et du fret.

Les loyers des matelots n'entrent point en contribution.

305. Si le consignataire refuse de recevoir les marchandises, le capitaine peut, par autorité de justice, en faire vendre pour le paiement de son fret, et faire ordonner le dépôt du surplus.

S'il y a insuffisance, il conserve son recours contre le chargeur.

306. Le capitaine ne peut retenir les marchandises dans son navire faute de paiement de son fret;

Il peut, dans le temps de la décharge, demander le dépôt en mains tierces jusqu'au paiement de son fret.

307. Le capitaine est préféré, pour son fret, sur les marchandises de son chargement, pendant quinzaine après leur délivrance, si elles n'ont passé en mains tierces. (Co. 191, *n*° 6, 271, 286.)

308. En cas de faillite des chargeurs ou réclamateurs avant l'expiration de la quinzaine, le capitaine est privilégié sur tous les créanciers pour le paiement de son fret et des avaries qui lui sont dues. (Co. 93 s., 397 s., 546 s.)

309. En aucun cas le chargeur ne peut demander de diminution sur le prix du fret.

310. Le chargeur ne peut abandonner pour le fret les marchandises diminuées de prix, ou détériorées par leur vice propre ou par cas fortuit.

Si toutefois des futailles contenant vin, huile, miel et autres liquides, ont tellement coulé qu'elles soient vides ou presque vides, lesdites futailles pourront être abandonnées pour le fret.

TITRE NEUVIÈME.

DES CONTRATS A LA GROSSE.

311. Le contrat à la grosse est fait devant notaire, ou sous signature privée.

Il énonce

Le capital prêté et la somme convenue pour le profit maritime,

Les objets sur lesquels le prêt est affecté,

Les noms du navire et du capitaine,

Ceux du prêteur et de l'emprunteur;

Si le prêt a lieu pour un voyage,

Pour quel voyage, et pour quel temps;

L'époque du remboursement. (Co. 191, *n*° 9, 315 s., 318, 320 s., 323 s., 329 s., 432, 633.)

312. Tout prêteur à la grosse, en France, est tenu de faire enregistrer son contrat au greffe du tribunal de commerce, dans les dix jours de la date, à peine de perdre son privilége;

Et si le contrat est fait à l'étranger, il est soumis aux formalités prescrites à l'article 234.

313. Tout acte de prêt à la grosse peut être négocié par la voie de l'endossement, s'il est à ordre.

En ce cas, la négociation de cet acte a les mêmes effets et produit les mêmes actions en garantie que celles des autres effets de commerce. (Co. 136 s., 140 s., 314.)

314. La garantie de paiement ne s'étend pas au profit maritime, à moins que le contraire n'ait été expressément stipulé. (Co. 318.)

315. Les emprunts à la grosse peuvent être affectés,

Sur le corps et quille du navire,

Sur les agrès et apparaux,

Sur l'armement et les victuailles,

Sur le chargement,

Sur la totalité de ces objets conjointement, ou sur une partie déterminée de chacun d'eux. (Co. 191, *n*° 9.)

316. Tout emprunt à la grosse, fait pour une somme excédant la valeur des objets sur lesquels il est affecté, peut être déclaré nul, à la demande du prêteur, s'il est prouvé qu'il y a fraude de la part de l'emprunteur.

317. S'il n'y a fraude, le contrat est valable jusqu'à la concurrence de la valeur des effets affectés à l'emprunt, d'après l'estimation qui en est faite ou convenue;

Le surplus de la somme empruntée est remboursé avec intérêt au cours de la place.

318. Tous emprunts sur le fret à faire du navire et sur le profit espéré des marchandises, sont prohibés.

Le prêteur, dans ce cas, n'a droit qu'au remboursement du capital, sans aucun intérêt. (Co. 314.)

319. Nul prêt à la grosse ne peut être fait aux matelots ou gens de mer sur leurs loyers ou voyages. (Co. 250 s.)

320. Le navire, les agrès et les apparaux, l'armement et les victuailles, même le fret acquis, sont affectés par privilége au capital et intérêts de l'argent donné à la grosse sur le corps et quille du vaisseau.

Le chargement est également affecté au capital et intérêts de l'argent donné à la grosse sur le chargement.

Si l'emprunt a été fait sur un objet particulier du navire ou du chargement, le privilége n'a lieu que sur l'objet, et dans la proportion de la quotité affectée à l'emprunt. (Co. 191, *n*o 9.)

321. Un emprunt à la grosse fait par le capitaine dans le lieu de la demeure des propriétaires du navire, sans leur autorisation authentique ou leur intervention dans l'acte, ne donne action et privilége que sur la portion que le capitaine peut avoir au navire et au fret. (Co. 232, 236.)

322. Sont affectées aux sommes empruntées, même dans le lieu de la demeure des intéressés, pour radoub et victuailles, les parts et portions des propriétaires qui n'auraient pas fourni leur contingent pour mettre le bâtiment en état, dans les vingt-quatre heures de la sommation qui leur en sera faite. (Co. 233.)

323. Les emprunts faits pour le dernier voyage du navire sont remboursés par préférence aux sommes prêtées pour un précédent voyage, quand même il serait déclaré qu'elles sont laissées par continuation ou renouvellement.

Les sommes empruntées pendant le voyage sont préférées à celles qui auraient été empruntées avant le départ du navire; et s'il y a plusieurs emprunts faits pendant le même voyage, le dernier emprunt sera toujours préféré à celui qui l'aura précédé.

324. Le prêteur à la grosse sur marchandises chargées dans un navire désigné au contrat, ne supporte pas la perte des marchandises, même par fortune de mer, si elles ont été chargées sur un autre navire, à moins qu'il ne soit légalement constaté que ce chargement a eu lieu par force majeure.

325. Si les effets sur lesquels le prêt à la grosse a eu lieu, sont entièrement perdus, et que la perte soit arrivée par cas fortuit, dans le temps et dans le lieu des risques, la somme prêtée ne peut être réclamée.

326. Les déchets, diminutions et pertes qui arrivent par le vice propre de la chose, et les dommages causés par le fait de l'emprunteur, ne sont point à la charge du prêteur.

327. En cas de naufrage, le paiement des sommes empruntées à la grosse est réduit à la valeur des effets sauvés et affectés au contrat, déduction faite des frais de sauvetage. (Co. 259, 331, 417.)

328. Si le temps des risques n'est point déterminé par le contrat, il court, à l'égard du navire, des agrès, apparaux, armement et victuailles, du jour que le navire a fait voile, jusqu'au jour où il est ancré ou amarré au port ou lieu de sa destination.

A l'égard des marchandises, le temps des risques court du jour qu'elles ont été chargées dans le navire, ou dans les gabares pour les y porter, jusqu'au jour où elles sont délivrées à terre. (Co. 341.)

329. Celui qui emprunte à la grosse sur des marchandises, n'est point libéré par la perte du navire et du chargement, s'il ne justifie qu'il y avait, pour son compte, des effets jusqu'à la concurrence de la somme empruntée. (Co. 316.)

330. Les prêteurs à la grosse contribuent, à la décharge des emprunteurs, aux avaries communes.

Les avaries simples sont aussi à la charge des prêteurs, s'il n'y a convention contraire. (Co. 397 s.)

331. S'il y a contrat à la grosse et assurance sur le même navire ou sur le même chargement, le produit des effets sauvés du naufrage est partagé entre le prêteur à la grosse, *pour son capital seulement,* et l'assureur, pour les sommes assurées, au marc le franc de leur intérêt respectif, sans préjudice des priviléges établis à l'article 191. (Co. 327, 417.)

TITRE DIXIÈME.

DES ASSURANCES.

SECTION Ire.

Du Contrat d'Assurance, de sa forme et de son objet.

332. Le contrat d'assurance est rédigé par écrit.

Il est daté du jour auquel il est souscrit.

Il est énoncé si c'est avant ou après midi.

Il peut être fait sous signature privée.

Il ne peut contenir aucun blanc.

Il exprime

Le nom et le domicile de celui qui fait assurer, sa qualité de propriétaire ou de commissionnaire,

Le nom et la désignation du navire,

Le nom du capitaine,

Le lieu où les marchandises ont été ou doivent être chargées,

Le port d'où ce navire à dû ou doit partir,

Les ports ou rades dans lesquels il doit charger ou décharger,

Ceux dans lesquels il doit entrer,

La nature et la valeur ou l'estimation des marchandises ou objets que l'on fait assurer,

Les temps auxquels les risques doivent commencer et finir,

La somme assurée,

La prime ou le coût de l'assurance,

La soumission des parties à des arbitres, en cas de contestation, si elle a été convenue,

Et généralement toutes les autres conditions dont les parties sont convenues. (Co. 334 s., 337 s., 341, 342, 347 s., 357 s., 361, 432, 633.)

333. La même police peut contenir plusieurs assurances, soit à raison des marchandises, soit à raison du taux de la prime, soit à raison de différens assureurs.

334. L'assurance peut avoir pour objet,

Le corps et quille du vaisseau, vide ou chargé, armé ou non armé, seul ou accompagné,

Les agrès et apparaux,

Les armemens,

Les victuailles,

Les sommes prêtées à la grosse,

Les marchandises du chargement, et toutes autres choses ou valeurs estimables à prix d'argent, sujettes aux risques de la navigation. (Co. 342, 347, 355.)

335. L'assurance peut être faite sur le tout ou sur une partie desdits objets, conjointement ou séparément.

Elle peut être faite en temps de paix ou en temps de guerre, avant ou pendant le voyage du vaisseau.

Elle peut être faite pour l'aller et le retour, ou seulement pour l'un des deux, pour le voyage entier, ou pour un temps limité ;

Pour tous voyages et transports par mer, rivières et canaux navigables. (Co. 356, 358 s.)

336. En cas de fraude dans l'estimation des effets assurés, en cas de suppositions ou de falsification, l'assureur peut faire procéder à la vérification et estimation des objets, sans préjudice de toutes autres poursuites, soit civiles, soit criminelles. (Co. 348, 357 s.)

337. Les chargemens faits aux Echelles du Levant, aux côtes d'Afrique et autres parties du monde, pour l'Europe, peuvent être assurés, sur quelque navire qu'ils aient lieu, sans désignation du navire ni du capitaine.

Les marchandises elles-mêmes peuvent, en ce cas, être assurées sans désignation de leur nature et espèce.

Mais la police doit indiquer celui à qui l'expédition est faite ou doit être consignée, s'il n'y a convention contraire dans la police d'assurance. (Co. 332.)

338. Tout effet dont le prix est stipulé dans le contrat en monnaie étrangère, est évalué au prix que la monnaie stipulée vaut en monnaie de France, suivant le cours à l'époque de la signature de la police.

339. Si la valeur des marchandises n'est point fixée par le contrat, elle peut être justifiée par les factures ou par les livres : à défaut, l'estimation en est faite suivant le prix courant au temps et au lieu du chargement, y compris tous les droits payés et les frais faits jusqu'à bord.

340. Si l'assurance est faite sur le retour d'un pays où le commerce ne se fait que par troc, et que l'estimation des marchandises ne soit pas faite par la police, elle sera réglée sur le pied de la valeur de celles qui ont été données en échange, en y joignant les frais de transport.

341. Si le contrat d'assurance ne règle point le temps des risques, les risques commencent et finissent dans le temps réglé par l'article 328 pour les contrats à la grosse.

342. L'assureur peut faire réassurer par d'autres les effets qu'il a assurés.

L'assuré peut faire assurer le coût de l'assurance.

La prime de réassurance peut être moindre ou plus forte que celle de l'assurance. (Co. 334, 347.)

343. L'augmentation de prime qui aura été stipulée en temps de paix pour le temps de guerre qui pourrait survenir, et dont la quotité n'aura pas été déterminée par les contrats d'assurance, est réglée par les tribunaux, en ayant égard aux risques, aux circonstances et aux stipulations de chaque police d'assurance.

344. En cas de perte des marchandises assurées et chargées pour le compte du capitaine sur le vaisseau qu'il commande, le capitaine est tenu de justifier aux assureurs l'achat des marchandises, et d'en fournir un connaissement signé par deux des principaux de l'équipage. (Co. 281 s.)

345. Tout homme de l'équipage et tout passager qui apportent des pays étrangers des marchandises assurées en France, sont tenus d'en laisser un connaissement dans les lieux où le chargement s'effectue, entre les mains du consul de France, et, à défaut, entre les mains d'un Français notable négociant, ou du magistrat du lieu.

346. Si l'assureur tombe en faillite lorsque le risque n'est pas encore fini, l'assuré peut demander caution, ou la résiliation du contrat.

L'assureur a le même droit en cas de faillite de l'assuré.

347. Le contrat d'assurance est nul, s'il a pour objet

Le fret des marchandises existant à bord du navire,

Le profit espéré des marchandises,

Les loyers des gens de mer,

Les sommes empruntées à la grosse.

Les profits maritimes des sommes prêtées à la grosse. (Co. 318, 319, 334, 342, 361.)

348. Toute réticence, toute fausse déclaration de la part de l'assuré, toute différence entre le contrat d'assurance et le connaissement, qui diminueraient l'opinion du risque ou en changeraient le sujet, annulent l'assurance.

L'assurance est nulle, même dans le cas où la réticence, la fausse déclaration ou la différence, n'auraient pas influé sur le dommage ou la perte de l'objet assuré. (Co. 365 s.)

SECTION II.

Des Obligations de l'Assureur et de l'Assuré.

349. Si le voyage est rompu avant le départ du vaisseau, même par le fait de l'assuré, l'assurance est annulée; l'assureur reçoit, à titre d'indemnité, demi pour cent de la somme assurée. (Co. 252, 288 s., 633.)

350. Sont aux risques des assureurs, toutes pertes et dommages qui arrivent aux objets assurés, par tempête, naufrage, échouement, abordage fortuit, changemens forcés de route, de voyage ou de vaisseau, par jet, feu, prise, pillage, arrêt par ordre de puissance, déclaration de guerre, représailles, et généralement par toutes les autres fortunes de mer. (Co. 352 s., 355 s., 407, 435 s.)

351. Tout changement de route, de voyage ou de vaisseau, et toutes pertes et dommages provenant du fait de l'assuré, ne sont point à la charge de l'assureur ; et même la prime lui est acquise, s'il a commencé à courir les risques. (Co. 361, 364, 392.)

352. Les déchets, diminutions et pertes qui arrivent par le vice propre de la chose, et les dommages causés par le fait et faute des propriétaires, affréteurs ou chargeurs, ne sont point à la charge des assureurs.

353. L'assureur n'est point tenu des prévarications et fautes du capitaine et de l'équipage, connues sous le nom de *baraterie de patron*, s'il n'y a convention contraire. (Co. 216, 221 s.)

354. L'assureur n'est point tenu du pilotage, touage et lamanage, ni d'aucune espèce de droits imposés sur le navire et les marchandises.

355. Il sera fait désignation dans la police, des marchandises sujettes, par leur nature, à détérioration particulière ou diminution, comme blés ou sels, ou marchandises susceptibles de coulage; sinon les assureurs ne répondront point des dommages ou pertes qui pourraient arriver à ces mêmes denrées, si ce n'est toutefois que l'assuré eût ignoré la nature du chargement lors de la signature de la police.

356. Si l'assurance a pour objet des marchandises pour l'aller et le retour, et si, le vaisseau étant parvenu à sa première destination, il ne se fait point de chargement en retour, ou si le chargement en retour n'est pas complet, l'assureur reçoit seulement les deux tiers proportionnels de la prime convenue, s'il n'y a stipulation contraire.

357. Un contrat d'assurance ou de réassurance consenti pour une somme excédant la valeur des effets chargés, est nul à l'égard de l'assuré seulement, s'il est prouvé qu'il y a dol ou fraude de sa part. (Co. 336, 359.)

358. S'il n'y a ni dol ni fraude, le contrat est valable jusqu'à concurrence de la valeur des effets chargés, d'après l'estimation qui en est faite ou convenue.

En cas de pertes, les assureurs sont tenus d'y contribuer chacun à proportion des sommes par eux assurées.

Ils ne reçoivent pas la prime de cet excédant de valeur, mais seulement l'indemnité de demi pour cent. (Co. 360, 401.)

359. S'il existe plusieurs contrats d'assurance faits sans fraude sur le même chargement, et que le premier contrat assure l'entière valeur des effets chargés, il subsistera seul.

Les assureurs qui ont signé les contrats subséquens, sont libérés; ils ne reçoivent que demi pour cent de la somme assurée.

Si l'entière valeur des effets chargés n'est pas assurée par le premier contrat, les assureurs qui ont signé les contrats subséquens, répondent de l'excédant en suivant l'ordre de la date des contrats. (Co. 335, 357 s.)

360. S'il y a des effets chargés pour le montant des sommes assurées, en cas de perte d'une partie, elle sera payée par tous les assureurs de ces effets, au marc le franc de leur intérêt. (**Co.** 358, 401.)

361. Si l'assurance a lieu divisément pour des marchandises qui doivent être chargées sur plusieurs vaisseaux désignés, avec énonciation de la somme assurée sur chacun, et si le chargement entier est mis sur un seul vaisseau, ou sur un moindre nombre qu'il n'en est désigné dans le contrat, l'assureur n'est tenu que de la somme qu'il a assurée sur le vaisseau ou sur les vaisseaux qui ont reçu le chargement, nonobstant la perte de tous les vaisseaux désignés; et il recevra néanmoins demi pour cent des sommes dont les assurances se trouvent annulées. (**Co.** 347, 351 s., 392.)

362. Si le capitaine a la liberté d'entrer dans différens ports pour compléter ou échanger son chargement, l'assureur ne court les risques des effets assurés que lorsqu'ils sont à bord, s'il n'y a convention contraire.

363. Si l'assurance est faite pour un temps limité, l'assureur est libre après l'expiration du temps, et l'assuré peut faire assurer les nouveaux risques.

364. L'assureur est déchargé des risques, et la prime lui est acquise, si l'assuré envoie le vaisseau en un lieu plus éloigné que celui qui est désigné par le contrat, quoique sur la même route.

L'assurance a son entier effet, si le voyage est raccourci. (**Co.** 351 s.)

365. Toute assurance faite après la perte ou l'arrivée des objets assurés, est nulle, s'il y a présomption qu'avant la signature du contrat, l'assuré a pu être informé de la perte, ou l'assureur de l'arrivée des objets assurés. (**Co.** 348, 368.)

366. La présomption existe, si, en comptant trois quarts de myriamètre (une lieue et demie) par heure, sans préjudice des autres preuves, il est établi que de l'endroit de l'arrivée ou de la perte du vaisseau, ou du lieu où la première nouvelle en est arrivée, elle a pu être portée dans le lieu où le contrat d'assurance a été passé, avant la signature du contrat. (**C.** 1352.)

367. Si cependant l'assurance est faite sur bonnes ou mauvaises nouvelles, la présomption mentionnée dans les articles précédens n'est point admise.

Le contrat n'est annulé que sur la preuve que l'assuré savait la perte, ou l'assureur l'arrivée du navire, avant la signature du contrat.

368. En cas de preuve contre l'assuré, celui-ci paie à l'assureur une double prime.

En cas de preuve contre l'assureur, celui-ci paie à l'assuré une somme double de la prime convenue.

Celui d'entre eux contre qui la preuve est faite, est poursuivi correctionnellement. (C. 1348.)

SECTION III.

Du Délaissement.

369. Le délaissement des objets assurés peut être fait,

En cas de prise,

De naufrage,

D'échouement avec bris,

D'innavigabilité par fortune de mer,

En cas d'arrêt d'une puissance étrangère,

En cas de perte ou détérioration des effets assurés, si la détérioration ou la perte va au moins à trois quarts.

Il peut être fait, en cas d'arrêt de la part du Gouvernement, après le voyage commencé. (Co. 372 s., 381, 387, 389, 395.)

370. Il ne peut être fait avant le voyage commencé. (Co. 389 s.)

371. Tous autres dommages sont réputés avaries, et se règlent, entre les assureurs et les assurés, à raison de leurs intérêts. (Co. 397 s., 401, 409.)

372. Le délaissement des objets assurés ne peut être partiel ni conditionnel.

Il ne s'étend qu'aux effets qui sont l'objet de l'assurance et du risque.

373. Le délaissement doit être fait aux assureurs dans le terme de six mois, à partir du jour de la réception de la nouvelle de la perte arrivée aux ports ou côtes de l'Europe, ou sur celles d'Asie et d'Afrique, dans la Méditerranée, ou bien, en cas de prise, de la réception de celle de la conduite du navire dans l'un des ports ou lieux situés aux côtes ci-dessus mentionnées;

Dans le délai d'un an après la réception de la nouvelle ou de la perte arrivée, ou de la prise conduite aux colonies des Indes occidentales, aux îles Açores, Canaries, Madère et autres îles et côtes occidentales d'Afrique et orientales d'Amérique;

Dans le délai de deux ans après la nouvelle des pertes arrivées ou des prises conduites dans toutes les autres parties du monde.

Et, ces délais passés, les assurés ne seront plus recevables à faire le délaissement. (Co. 375, 379 s., 382 s., 385 s., 431.)

374. Dans le cas où le délaissement peut être fait, et dans le cas de tous autres accidens au risque des assureurs, l'assuré est tenu de signifier à l'assureur les avis qu'il a reçus.

La signification doit être faite dans les trois jours de la réception de l'avis. (Co. 378, 384, 387, 390.)

375. Si, après un an expiré, à compter du jour du départ du navire, ou du jour auquel se rapportent les dernières nouvelles reçues, pour les voyages ordinaires,

Après deux ans pour les voyages de long cours,

L'assuré déclare n'avoir reçu aucune nouvelle de son navire, il peut faire le délaissement à l'assureur, et demander le paiement de l'assurance, sans qu'il soit besoin d'attestation de la perte.

Après l'expiration de l'an ou des deux ans, l'assuré a, pour agir, les délais établis par l'article 373. (Co. 377.)

376. Dans le cas d'une assurance pour temps limité, après l'expiration des délais établis, comme ci-dessus, pour les voyages ordinaires et pour ceux de long cours, la perte du navire est présumée arrivée dans le temps de l'assurance.

377. Sont réputés voyages de long cours ceux qui se font aux Indes orientales et occidentales, à la Mer pacifique, au Canada, à Terre-Neuve, au Groenland, et aux autres côtes et îles de l'Amérique méridionale et septentrionale, aux Açores, Canaries, à Madère, et dans toutes les côtes et pays situés sur l'Océan, au-delà des détroits de Gibraltar et du Sund.

378. L'assuré peut, par la signification mentionnée en l'article 374, ou faire le délaissement avec sommation à l'assureur de payer la somme assurée dans le délai fixé par le contrat, ou se réserver de faire le délaissement dans les délais fixés par la loi.

379. L'assuré est tenu, en faisant le délaissement, de déclarer toutes les assurances qu'il a faites ou fait faire, même celles qu'il a ordonnées, et l'argent qu'il a pris à la grosse, soit sur le navire, soit sur les marchandises; faute de quoi, le délai du paiement, qui doit commencer à courir du jour du délaissement, sera suspendu jusqu'au jour où il fera notifier ladite déclaration, sans qu'il en résulte aucune prorogation du délai établi pour former l'action en délaissement. (Co. 359.)

380. En cas de déclaration frauduleuse, l'assuré est privé des effets de l'assurance; il est tenu de payer les sommes empruntées, nonobstant la perte ou la prise du navire.

381. En cas de naufrage ou d'échouement avec bris, l'assuré doit, sans préjudice du délaissement à faire en temps et lieu, travailler au recouvrement des effets naufragés.

Sur son affirmation, les frais de recouvrement lui sont alloués jusqu'à concurrence de la valeur des effets recouvrés.

382. Si l'époque du paiement n'est point fixée par le contrat, l'assureur est tenu de payer l'assurance trois mois après la signification du délaissement. (Co. 373.)

383. Les actes justificatifs du chargement et de la perte sont signifiés à l'assureur avant qu'il puisse être poursuivi pour le paiement des sommes assurées.

384. L'assureur est admis à la preuve des faits contraires à ceux qui sont consignés dans les attestations.

L'admission à la preuve ne suspend pas les condamnations de l'assureur au paiement provisoire de la somme assurée, à la charge par l'assuré de donner caution.

L'engagement de la caution est éteint après quatre années révolues, s'il n'y a pas eu de poursuite.

385. Le délaissement signifié et accepté ou jugé valable, les effets assurés appartiennent à l'assureur, à partir de l'époque du délaissement.

L'assureur ne peut, sous prétexte du retour du navire, se dispenser de payer la somme assurée.

386. Le fret des marchandises sauvées, quand même il aurait été payé d'avance, fait partie du délaissement du navire, et appartient également à l'assureur, sans préjudice des droits des prêteurs à la grosse, de ceux des matelots pour leur loyer, et des frais et dépenses pendant le voyage. (Co. 191, 271, 286 s., 320.)

387. En cas d'arrêt de la part d'une puissance, l'assuré est tenu de faire la signification à l'assureur, dans les trois jours de la réception de la nouvelle.

Le délaissement des objets arrêtés ne peut être fait qu'après un délai de six mois de la signification, si l'arrêt a eu lieu dans les mers d'Europe, dans la Méditerranée, ou dans la Baltique;

Qu'après le délai d'un an, si l'arrêt a eu lieu en pays plus éloigné.

Ces délais ne courent que du jour de la signification de l'arrêt.

Dans le cas où les marchandises arrêtées seraient périssables, les délais ci-dessus mentionnés sont réduits à un mois et demi pour le premier cas, et à trois mois pour le second cas. (Co. 373, 374.)

388. Pendant les délais portés par l'article précédent, les assurés sont tenus de faire toutes diligences qui peuvent dépendre d'eux, à l'effet d'obtenir la main-levée des effets arrêtés.

Pourront, de leur côté, les assureurs, ou de concert avec les assurés, ou séparément, faire toutes démarches à même fin.

389. Le délaissement à titre d'innavigabilité ne peut être fait, si le navire échoué peut être relevé, réparé, et mis en état de continuer sa route pour le lieu de sa destination.

Dans ce cas, l'assuré conserve son recours sur les assureurs, pour les frais et avaries occasionnés par l'échouement. (Co. 369, 370, 400.)

390. Si le navire a été déclaré innavigable, l'assuré sur le chargement est tenu d'en faire la notification dans le délai de trois jours de la réception de la nouvelle. (Co. 374, 387.)

391. Le capitaine est tenu, dans ce cas, de faire toutes diligences pour se procurer un autre navire à l'effet de transporter les marchandises au lieu de leur destination. (Co. 237, 241, 296.)

392. L'assureur court les risques des marchandises chargées sur un autre navire, dans le cas prévu par l'article précédent, jusqu'à leur arrivée et leur déchargement. (Co. 351, 361.)

393. L'assureur est tenu, en outre, des avaries, frais de déchargement, magasinage, rembarquement, de l'excédant du fret, et de tous autres frais qui auront été faits pour sauver les marchandises, jusqu'à concurrence de la somme assurée. (Co. 397.)

394. Si, dans les délais prescrits par l'article 387, le capitaine n'a pu trouver de navire pour recharger les marchandises et les conduire au lieu de leur destination, l'assuré peut en faire le délaissement.

395. En cas de prise, si l'assuré n'a pu en donner avis à l'assureur, il peut racheter les effets sans attendre son ordre.

L'assuré est tenu de signifier à l'assureur la composition qu'il aura faite, aussitôt qu'il en aura les moyens. (Co. 369, 400.)

396. L'assureur a le choix de prendre la composition à son compte, ou d'y renoncer : il est tenu de notifier son choix à l'assuré, dans les vingt-quatre heures qui suivent la signification de la composition.

S'il déclare prendre la composition à son profit, il est tenu de contribuer, sans délai, au paiement du rachat dans les termes de la convention, et à proportion de son intérêt; et il continue de courir les risques du voyage, conformément au contrat d'assurance.

S'il déclare renoncer au profit de la composition, il est tenu au paiement de la somme assurée, sans pouvoir rien prétendre aux effets rachetés.

Lorsque l'assureur n'a pas notifié son choix dans le délai susdit, il est censé avoir renoncé au profit de la composition.

TITRE ONZIÈME.

DES AVARIES.

(Les tit. XI à XIV ont été décrétés le 15 septembre 1807, promulgués le 27.)

---

397. Toutes dépenses extraordinaires faites pour le navire et les marchandises, conjointement ou séparément,

Tout dommage qui arrive au navire et aux marchandises, depuis leur chargement et départ jusqu'à leur retour et déchargement,

Sont réputés avaries. (Co. 300, 308, 330, 371, 400, 403, 435.)

398. A défaut de conventions spéciales entre toutes les parties, les avaries sont réglées conformément aux dispositions ci-après.

399. Les avaries sont de deux classes, avaries grosses ou communes, et avaries simples ou particulières.

400. Sont avaries communes,

1° Les choses données par composition et à titre de rachat du navire et des marchandises;

2° Celles qui sont jetées à la mer;

3° Les câbles ou mâts rompus ou coupés;

4° Les ancres et autres effets abandonnés pour le salut commun;

5° Les dommages occasionnés par le jet aux marchandises restées dans le navire;

6° Les pansement et nourriture des matelots blessés en défendant le navire, les loyers et nourriture des matelots pendant la détention, quand le navire est arrêté en voyage par ordre d'une puissance, et pendant les réparations des dommages volontairement soufferts pour le salut commun, si le navire est affrété au mois;

7° Les frais du déchargement pour alléger le navire et entrer dans un havre ou dans une rivière, quand le navire est contraint de le faire par tempête ou par la poursuite de l'ennemi;

8° Les frais faits pour remettre à flot le navire échoué dans l'intention d'éviter la perte totale ou la prise;

Et en général, les dommages soufferts volontairement, et les dépenses faites d'après délibérations motivées, pour le bien et salut commun du navire et des marchandises, depuis leur chargement et départ jusqu'à leur retour et déchargement. (Co. 234, 263, 389, 395 s., 403, 410 s., 408.)

401. Les avaries communes sont supportées par les marchandises et par la moitié du navire et du fret, au marc le franc de la valeur. (Co. 308, 330, 358, 360, 371, 404 s.)

402. Le prix des marchandises est établi par leur valeur au lieu du déchargement. (Co. 417.)

403. Sont avaries particulières,

1° Le dommage arrivé aux marchandises par leur vice propre, par tempête, prise, naufrage ou échouement;

2° Les frais faits pour les sauver;

3° La perte des câbles, ancres, voiles, mâts, cordages, causée par tempête ou autre accident de mer;

Les dépenses résultant de toutes relâches occasionnées soit par la perte fortuite de ces objets, soit par le besoin d'avitaillement, soit par voie d'eau à réparer;

4° La nourriture et le loyer des matelots pendant la détention, quand le navire est arrêté en voyage par ordre d'une puissance, et pendant les réparations qu'on est obligé d'y faire, si le navire est affrété au voyage;

5° La nourriture et le loyer des matelots pendant la quarantaine, que le navire soit loué au voyage ou au mois;

Et en général, les dépenses faites et le dommage souffert pour le navire seul, ou pour les marchandises seules, depuis leur chargement et départ jusqu'à leur retour et déchargement. (Co. 300, 408.)

404. Les avaries particulières sont supportées et payées par le propriétaire de la chose qui a essuyé le dommage ou occasionné la dépense. (Co. 401.)

405. Les dommages arrivés aux marchandises, faute par le capitaine d'avoir bien fermé les écoutilles, amarré le navire, fourni de bons guindages, et par tous autres accidens provenant de la négligence du capitaine ou de l'équipage, sont également des avaries particulières supportées par le propriétaire des marchandises, mais pour lesquelles il a son recours contre le capitaine, le navire et le fret. (Co. 216, 221, 435.)

406. Les lamanages, touages, pilotages, pour entrer dans les havres ou rivières, ou pour en sortir, les droits de congés, visites, rapports, tonnes, balises, ancrages et autres droits de navigation, ne sont point avaries; mais ils sont de simples frais à la charge du navire.

407. En cas d'abordage de navires, si l'événement a été purement fortuit, le dommage est supporté, sans répétition, par celui des navires qui l'a éprouvé.

Si l'abordage a été fait par la faute de l'un des capitaines, le dommage est payé par celui qui l'a causé.

S'il y a doute dans les causes de l'abordage, le dommage est réparé à frais communs, et par égale portion, par les navires qui l'ont fait et souffert.

Dans ces deux derniers cas, l'estimation du dommage est faite par experts. (Co. 216, 221, 435.)

408. Une demande pour avarie n'est point recevable, si l'avarie commune n'excède pas un pour cent de la valeur cumulée du navire et des marchandises, et si l'avarie particulière n'excède pas aussi un pour cent de la valeur de la chose endommagée.

409. La clause *franc d'avaries* affranchit les assureurs de toutes avaries, soit communes, soit particulières, excepté dans les cas qui donnent ouverture au délaissement; et, dans ces cas, les assurés ont l'option entre le délaissement et l'exercice d'action d'avarie. (Co. 369,371.)

TITRE DOUZIÈME.

DU JET ET DE LA CONTRIBUTION.

410. Si, par tempête ou par la chasse de l'ennemi, le capitaine se croit obligé, pour le salut du navire de jeter en mer une partie de son chargement, de couper ses mâts ou d'abandonner ses ancres, il prend l'avis des intéressés au chargement qui se trouvent dans le vaisseau, et des principaux de l'équipage.

S'il y a diversité d'avis, celui du capitaine et des principaux de l'équipage est suivi. (Co. 241.)

411. Les choses les moins nécessaires, les plus pesantes et de moindre prix, sont jetées les premières, et ensuite les marchandises du premier pont au choix du capitaine, et par l'avis des principaux de l'équipage.

412. Le capitaine est tenu de rédiger par écrit la délibération, aussitôt qu'il en a les moyens.

La délibération exprime

Les motifs qui ont déterminé le jet,

Les objets jetés ou endommagés.

Elle présente la signature des délibérans, ou les motifs de leur refus de signer.

Elle est transcrite sur le registre. (Co. 224, 246.)

413. Au premier port où le navire abordera, le capitaine est tenu, dans les vingt-quatre heures de son arrivée, d'affirmer les faits contenus dans la délibération transcrite sur le registre. (Co. 246.)

414. L'état des pertes et dommages est fait dans le lieu du déchargement du navire, à la diligence du capitaine et par experts.

Les experts sont nommés par le tribunal de commerce, si le déchargement se fait dans un port français.

Dans les lieux où il n'y a pas de tribunal de commerce, les experts sont nommés par le juge de paix.

Ils sont nommés par le consul de France, et, à son défaut, par le magistrat du lieu, si la décharge se fait dans un port étranger.

Les experts prêtent serment avant d'opérer.

415. Les marchandises jetées sont estimées suivant le prix courant du lieu du déchargement; leur qualité est constatée par la production des connaissemens, et des factures s'il y en a.

416. Les experts nommés en vertu de l'article précédent font la répartition des pertes et dommages.

La répartition est rendue exécutoire par l'homologation du tribunal.

Dans les ports étrangers, la répartition est rendue exécutoire par le consul de France, ou, à son défaut, par tout tribunal compétent sur les lieux.

417. La répartition pour le paiement des pertes et dommages est faite sur les effets jetés et sauvés, et sur moitié du navire et du fret, à proportion de leur valeur au lieu du déchargement. (Co. 327, 331, 419 s., 423, 427.)

418. Si la qualité des marchandises a été déguisée par le connaissement, et qu'elles se trouvent d'une plus grande valeur, elles contribuent sur le pied de leur estimation, si elles sont sauvées;

Elles sont payées d'après la qualité désignée par le connaissement, si elles sont perdues.

Si les marchandises déclarées sont d'une qualité inférieure à celle qui est indiquée par le connaissement, elles contribuent d'après la qualité indiquée par le connaissement, si elles sont sauvées;

Elles sont payées sur le pied de leur valeur, si elles sont jetées ou endommagées.

419. Les munitions de guerre et de bouche, et les hardes des gens de l'équipage, ne contribuent point au jet; la valeur de celles qui auront été jetées, sera payée par contribution sur tous les autres effets.

420. Les effets dont il n'y a pas de connaissement ou déclaration du capitaine, ne sont pas payés s'ils sont jetés; ils contribuent s'ils sont sauvés. (Co. 281.)

421. Les effets chargés sur le tillac du navire contribuent s'ils sont sauvés.

S'ils sont jetés, ou endommagés par le jet, le propriétaire n'est point admis à former une demande en contribution : il ne peut exercer son recours que contre le capitaine. (Co. 229.)

422. Il n'y a lieu à contribution pour raison du dommage arrivé au navire, que dans le cas où le dommage a été fait pour faciliter le jet.

423. Si le jet ne sauve le navire, il n'y a lieu à aucune contribution.

Les marchandises sauvées ne sont point tenues du paiement ni du dédommagement de celles qui ont été jetées ou endommagées.

424. Si le jet sauve le navire, et si le navire, en continuant sa route, vient à se perdre,

Les effets sauvés contribuent au jet sur le pied de leur valeur en l'état où il se trouvent, déduction faite des frais de sauvetage.

425. Les effets jetés ne contribuent en aucun cas au paiement des dommages arrivés depuis le jet aux marchandises sauvées.

Les marchandises ne contribuent point au paiement du navire perdu, ou réduit à l'état d'innavigabilité.

426. Si, en vertu d'une délibération, le navire a été ouvert pour en extraire les marchandises, elles contribuent à la réparation du dommage causé au navire.

427. En cas de perte des marchandises mises dans des barques pour alléger le navire entrant dans un port ou une rivière, la répartition en est faite sur le navire et son chargement en entier.

Si le navire périt avec le reste de son chargement, il n'est fait aucune répartition sur les marchandises mises dans les alléges, quoiqu'elles arrivent à bon port.

428. Dans tous les cas ci-dessus exprimés, le capitaine et l'équipage sont privilégiés sur les marchandises ou le prix en provenant pour le montant de la contribution. (Co. 259, 271.)

429. Si, depuis la répartition, les effets jetés sont recouvrés par les propriétaires, ils sont tenus de rapporter au capitaine et aux intéressés ce qu'ils ont reçu dans la contribution, déduction faite des dommages causés par le jet et des frais de recouvrement.

TITRE TREIZIÈME.

DES PRESCRIPTIONS.

430. Le capitaine ne peut acquérir la propriété du navire par voie de prescription. (C. 2236.)

431. L'action en délaissement est prescrite dans les délais exprimés par l'article 373.

432. Toute action dérivant d'un contrat à la grosse, ou d'une police d'assurance, est prescrite après cinq ans, à compter de la date du contrat. (Co. 311 s., 332 s., 434.)

433. Sont prescrites

Toutes actions en paiement pour fret de navire, gages et loyers des officiers, matelots et autres gens de l'équipage, un an après le voyage fini;

Pour nourriture fournie aux matelots par l'ordre du capitaine, un an après la livraison;

Pour fournitures de bois et autres choses nécessaires aux constructions, équipement et avitaillement du navire, un an après ces fournitures faites;

Pour salaire d'ouvriers, et pour ouvrage faits, un an après la réception des ouvrages;

Toute demande en délivrance de marchandises, un an après l'arrivée du navire. (Co. 189, 250 s., 272, 286, 434. — C. 2275.)

434. La prescription ne peut avoir lieu, s'il y a cédule, obligation, arrêté de compte ou interpellation judiciaire.

TITRE QUATORZIÈME.

FINS DE NON-RECEVOIR.

435. Sont non recevables

Toutes actions contre le capitaine et les assureurs, pour dommage arrivé à la marchandise, si elle a été reçue sans protestation;

Toutes actions contre l'affréteur, pour avaries, si le capitaine a livré les marchandises et reçu son fret sans avoir protesté;

Toutes actions en indemnité pour dommages causés par l'abordage dans un lieu où le capitaine a pu agir, s'il n'a point fait de réclamation. (Co. 221 s., 350 s., 397 s., 407, 436.)

436. Ces protestations et réclamations sont nulles, si elles ne sont faites et signifiées dans les vingt-quatre heures, et si, dans le mois de leur date, elles ne sont suivies d'une demande en justice.

LIVRE TROISIÈME.

DES FAILLITES ET BANQUEROUTES. [1]

(Loi sanctionnée le 28 mai 1838, promulguée le 8 juin.) [2]

TITRE PREMIER.

DE LA FAILLITE.

Dispositions générales.

ART. **437** [3]. Tout commerçant qui cesse ses paiemens est en état de faillite. (Co. *Déclarat.*, 438, 440 ; *Faill. effets*, 443 s. ; *Banq. simple*, 585, 586; *Banq. fraud.*, 593.)

La faillite d'un commerçant peut être déclarée après son décès, lorsqu'il est mort en état de cessation de paiemens. (Co. *Réhabilit.*, 614.)

La déclaration de la faillite ne pourra être, soit prononcée d'office, soit demandée par les créanciers, que dans l'année qui suivra le décès.

CHAPITRE Ier.

DE LA DÉCLARATION DE FAILLITE ET DE SES EFFETS.

438 [4]. Tout failli sera tenu, dans les trois jours de la cessation de ses paiemens, d'en faire la déclaration au greffe du tribunal de commerce de son domicile. Le jour de la cessation de paiemens sera compris dans les trois jours. (Co. 456, 586)

En cas de faillite d'une société en nom collectif, la déclaration contiendra le nom et l'indication du domicile de chacun des associés solidaires. Elle sera faite au greffe du tribunal dans le ressort duquel se trouve le siége du principal établissement de la société. (Co. 20, 21; *Scellés*, 458; *Concordat*, 531; *Banq. s.*, 586; *Réhabil.*, 604.)

[1] *Loi sur les Faillites et Banqueroutes*. 28 mai 1838—8 juin 1838.

LOUIS-PHILIPPE, ROI DES FRANÇAIS, à tous présens et à venir, SALUT ;

Nous avons proposé, les Chambres ont adopté, NOUS AVONS ORDONNÉ et ORDONNONS ce qui suit :

Le livre III du Code de commerce, sur les faillites et banqueroutes, ainsi que les articles 69 et 635 du même Code, seront remplacés par les dispositions suivantes.

Néanmoins les faillites déclarées antérieurement à la promulgation de la présente loi continueront à être régies par les anciennes dispositions du Code de commerce, sauf en ce qui concerne la réhabilitation et l'application des articles 527 et 528.

[2] *Nota*. Les chiffres mis en note indiquent le rapport des articles de l'ancien texte avec la nouvelle rédaction du présent livre.

[3] 437. — [4] 440.

439 [1]. La déclaration du failli devra être accompagnée du dépôt du bilan, ou contenir l'indication des motifs qui empêcheraient le failli de le déposer. Le bilan contiendra l'énumération et l'évaluation de tous les biens mobiliers et immobiliers du débiteur, l'état des dettes actives et passives, le tableau des profits et pertes, le tableau des dépenses; il devra être certifié véritable, daté et signé par le débiteur. (**Co.** 456; *Bilan*, 476, 522; *Banq. s.*, 586.)

440 [2]. La faillite est déclarée par jugement du tribunal de commerce, rendu soit sur la déclaration du failli, soit à la requête d'un ou de plusieurs créanciers, soit d'office. Ce jugement sera exécutoire provisoirement. (**Co.** 437, 438. — **Pr.** 135.)

441 [3]. Par le jugement déclaratif de la faillite, ou par jugement ultérieur rendu sur le rapport du juge-commissaire, le tribunal déterminera, soit d'office, soit sur la poursuite de toute partie intéressée, l'époque à laquelle a eu lieu la cessation de paiemens. A défaut de détermination spéciale, la cessation de paiemens sera réputée avoir eu lieu à partir du jugement déclaratif de la faillite. (**Co.** *Jug. comm.*, 451; *Opposition*, 580; *Faill. après décès*, 437.)

442 [4]. Les jugemens rendus en vertu des deux articles précédens seront affichés et insérés par extrait dans les journaux, tant du lieu où la faillite aura été déclarée que de tous les lieux où le failli aura des établissemens commerciaux, suivant le mode établi par l'art. 42 du présent Code. (**Co.** 600; *Avances*, 461.)

443 [5]. Le jugement déclaratif de la faillite emporte de plein droit à partir de sa date, dessaisissement pour le failli de l'administration de tous ses biens, même de ceux qui peuvent lui échoir tant qu'il est en état de faillite. (*Constitution de l'an* VIII, *droits de citoyen, art.* 5. — **Co.** *Annulation*, 446 s.; *Failli*, 467, 474, 487, 488, 494, 528, 532.)

A partir de ce jugement, toute action mobilière ou immobilière ne pourra être suivie ou intentée que contre les syndics. (**Co.** *Nomination*, 462 s.; *Fonctions*, 463. — **Pr.** *Qualité*, 69, 87.)

Il en sera de même de toute voie d'exécution tant sur les meubles que sur les immeubles. (**Co.** 450, 527.)

Le tribunal, lorsqu'il le jugera convenable, pourra recevoir le failli partie intervenante. (**Pr.** 339.)

444 [6]. Le jugement déclaratif de faillite rend exigibles, à l'égard du failli, les dettes passives non échues. (**C.** 1188.)

En cas de faillite du souscripteur d'un billet à ordre, de l'accepteur d'une lettre de change ou du tireur à défaut d'acceptation, les autres obligés seront tenus de donner caution pour le paiement à l'échéance, s'ils n'aiment mieux payer immédiatement. (**Co.** 163.)

[1] 471. — [2] 441. — [3] 454. — [4] 457. — [5] 442-494. — [6] 448.

445. Le jugement déclaratif de faillite arrête, à l'égard de la masse seulement, le cours des intérêts de toute créance non garantie par un privilége, par un nantissement ou par une hypothèque. (C. 1153, 1154.)

Les intérêts des créances garanties ne pourront être réclamés que sur les sommes provenant des biens affectés au privilége, à l'hypothèque ou au nantissement. (Co. *Dr. hypoth.*, 448, 552 s.)

446. Sont nuls et sans effet, relativement à la masse, lorsqu'ils auront été faits par le débiteur depuis l'époque déterminée par le tribunal comme étant celle de la cessation de ses paiemens, ou dans les dix jours qui auront précédé cette époque : (Co. *Dessaisissem.*, 443; *Cessat. de paiement,* 441.)

[1]Tous actes translatifs de propriétés mobilières ou immobilières à titre gratuit; (C. 894, 902.)

[2]Tous paiemens, soit en espèces, soit par transport, vente, compensation ou autrement, pour dettes non échues, et pour dettes échues, tous paiemens faits autrement qu'en espèces ou effets de commerce; (C. *Paiement,* 1235 s.—Co. 447.)

[3]Toute hypothèque conventionnelle ou judiciaire et tous droits d'antichrèse ou de nantissement constitués sur les biens du débiteur pour dettes antérieurement contractées. (C. 2146.)

447[4]. Tous autres paiemens faits par le débiteur pour dettes échues, et tous autres actes à titre onéreux par lui passés après la cessation de ses paiemens et avant le jugement déclaratif de faillite, pourront être annulés si, de la part de ceux qui ont reçu du débiteur, ou qui ont traité avec lui, ils ont eu lieu avec connaissance de la cessation de ses paiemens. (Co. 446, 449.)

448. Les droits d'hypothèque et de privilége valablement acquis pourront être inscrits jusqu'au jour du jugement déclaratif de la faillite. (Co. *Dr. hyp.*, 552 s.)

Néanmoins, les inscriptions prises après l'époque de la cessation de paiemens, ou dans les dix jours qui précèdent, pourront être déclarées nulles, s'il s'est écoulé plus de quinze jours entre la date de l'acte constitutif de l'hypothèque ou du privilége et celle de l'inscription. (Co. *Cessat. de paiem.*, 441.—C. *Inscript.*, 2146.)

Ce délai sera augmenté d'un jour à raison de cinq myriamètres de distance entre le lieu où le droit d'hypothèque aura été acquis et le lieu où l'inscription sera prise. (Co. 492, 582.)

449. Dans le cas où des lettres de change auraient été payées après l'époque fixée comme étant celle de la cessation de paiemens et avant le jugement déclaratif de faillite, l'action en rapport ne pourra être intentée que contre celui pour compte duquel la lettre de change aura été fournie.

[1] 444. — [2] 446. — [3] 443. — [4] 445.

S'il s'agit d'un billet à ordre, l'action ne pourra être exercée que contre le premier endosseur.

Dans l'un et l'autre cas, la preuve que celui à qui on demande le rapport avait connaissance de la cessation de paiemens à l'époque de l'émission du titre, devra être fournie. (Co. 446, 447.)

450. Toutes voies d'exécution pour parvenir au paiement des loyers sur les effets mobiliers servant à l'exploitation du commerce du failli seront suspendues pendant trente jours, à partir du jugement déclaratif de faillite, sans préjudice de toutes mesures conservatoires, et du droit qui serait acquis au propriétaire de reprendre possession des lieux loués. (Pr. 819 s. — Co. *Voie d'exécut.*, 443.)

Dans ce cas, la suspension des voies d'exécution établie au présent article cessera de plein droit.

CHAPITRE II.

DE LA NOMINATION DU JUGE-COMMISSAIRE.

451 [1]. Par le jugement qui déclarera la faillite, le tribunal de commerce désignera l'un de ses membres pour juge-commissaire. (Co. *Remplacem.*, 454; *Cessat. de fonction*, 519; *Nomination nouv.*, 522; *Jugement*, 583.)

452 [2]. Le juge-commissaire sera chargé spécialement d'accélérer et de surveiller les opérations et la gestion de la faillite.

Il fera au tribunal de commerce le rapport de toutes les contestations que la faillite pourra faire naître, et qui seront de la compétence de ce tribunal. (Co. 441, 462, 465, 469, 470, 485, 486, 488, 506, 514, 515, 534, 572, 579, 583.)

453. Les ordonnances du juge-commissaire ne seront susceptibles de recours que dans les cas prévus par la loi. Ces recours seront portés devant le tribunal de commerce. (Co. *Recours*, 466, 474, 567, 530, 583, 635.)

454. Le tribunal de commerce pourra, à toutes les époques, remplacer le juge-commissaire de la faillite par un autre de ses membres. (Co. *Jug. comm.*, 451, 522; *Jugement*, 583.)

CHAPITRE III.

DE L'APPOSITION DES SCELLÉS ET DES PREMIÈRES DISPOSITIONS A L'ÉGARD DE LA PERSONNE DU FAILLI.

455 [3]. Par le jugement qui déclarera la faillite, le tribunal ordonnera l'apposition des scellés et le dépôt de la personne du failli dans la maison d'arrêt pour dettes, ou la garde de sa personne par

[1] 454. — [2] 458. — [3] 449-455.

un officier de police ou de justice, ou par un gendarme. (**Co.** *Arrestation*, 456, 460, 461; *Sauf conduit*, 472, 583.)

Néanmoins, si le juge-commissaire estime que l'actif du failli peut être inventorié en un seul jour, il ne sera point apposé de scellés, et il devra être immédiatement procédé à l'inventaire. (**Co.** *Scellés*, 457, 458, 461, 468, 469, 522. — **Pr.** 907, 912, 913 s., 925; *Invent.*, 943, 944. — **Co.** 469, 480, 522.)

[1] Il ne pourra, en cet état, être reçu, contre le failli, d'écrou ou recommandation pour aucune espèce de dettes. (**Pr.** 792.)

456. Lorsque le failli se sera conformé aux articles 438 et 439, et ne sera point, au moment de la déclaration, incarcéré pour dettes, ou pour autre cause, le tribunal pourra l'affranchir du dépôt ou de la garde de sa personne. (**Co.** 455, 472.)

La disposition du jugement qui affranchirait le failli du dépôt ou de la garde de sa personne pourra toujours, suivant les circonstances, être ultérieurement rapportée par le tribunal de commerce, même d'office. (**Co.** 583.)

457. Le greffier du tribunal de commerce adressera, sur-le-champ, au juge de paix, avis de la disposition du jugement qui aura ordonné l'apposition des scellés. (**Co.** 455, 459.)

[2] Le juge de paix pourra, même avant ce jugement, apposer les scellés, soit d'office, soit sur la réquisition d'un ou plusieurs créanciers, mais seulement dans le cas de disparition du débiteur ou de détournement de tout ou partie de son actif. (**Pr.** 911, 912.)

458[3]. Les scellés seront apposés sur les magasins, comptoirs, caisses, portefeuilles, livres, papiers, meubles et effets du failli. (**Co.** 469, 471.)

[4] En cas de faillite d'une société en nom collectif, les scellés seront apposés, non seulement dans le siége principal de la société, mais encore dans le domicile séparé de chacun des associés solidaires. (**Co.** 20, 21, 438.)

[5] Dans tous les cas, le juge de paix donnera, sans délai, au président du tribunal de commerce, avis de l'apposition des scellés. (**Co.** *Levée des scellés*, 479.)

459. Le greffier du tribunal de commerce adressera, dans les vingt-quatre heures, au procureur du Roi du ressort, extrait des jugemens déclaratifs de faillite, mentionnant les principales indications et dispositions qu'ils contiennent. (**Co.** *Greffier*, 457; *Minist. public*, 483; *Rapport*, 482.)

460. Les dispositions qui ordonneront le dépôt de la personne du failli dans une maison d'arrêt pour dettes, ou la garde de sa

[1] 455. — [2] 450. — [3] 451. — [4] 452. — [5] 453.

personne, seront exécutées à la diligence, soit du ministère public, soit des syndics de la faillite. (Co. 455, 456, 483.)

461. Lorsque les deniers appartenant à la faillite ne pourront suffire immédiatement aux frais du jugement de déclaration de la faillite, d'affiche et d'insertion de ce jugement dans les journaux, d'apposition des scellés, d'arrestation et d'incarcération du failli, l'avance de ces frais sera faite, sur ordonnance du juge-commissaire, par le Trésor public, qui en sera remboursé par privilége sur les premiers recouvremens, sans préjudice du privilége du propriétaire. (Co. *Frais de poursuite*, 587 s., 592.)

CHAPITRE IV.

DE LA NOMINATION ET DU REMPLACEMENT DES SYNDICS PROVISOIRES.

462 [1]. Par le jugement qui déclarera la faillite, le tribunal de commerce nommera un ou plusieurs syndics provisoires. (Co. 583; *Parenté*, 463; *Cessat. de fonctions*, 519.)

[2] Le juge-commissaire convoquera immédiatement les créanciers présumés à se réunir dans un délai qui n'excèdera pas quinze jours. Il consultera les créanciers présens à cette réunion, tant sur la composition de l'état des créanciers présumés que sur la nomination de nouveaux syndics. Il sera dressé procès-verbal de leurs dires et observations, lequel sera représenté au tribunal. (Co. 492, 529, 536.)

[3] Sur le vu de ce procès-verbal et de l'état des créanciers présumés, et sur le rapport du juge-commissaire, le tribunal nommera de nouveaux syndics, ou continuera les premiers dans leurs fonctions. (Co. 383.)

[4] Les syndics ainsi institués sont définitifs; cependant ils peuvent être remplacés par le tribunal de commerce, dans les cas et suivant les formes qui seront déterminés. (Co. 464, 467, 524, 583.)

[5] Le nombre des syndics pourra être, à toute époque, porté jusqu'à trois; ils pourront être choisis parmi les personnes étrangères à la masse, et recevoir, [6] quelle que soit leur qualité, après avoir rendu compte de leur gestion, une indemnité que le tribunal arbitrera sur le rapport du juge-commissaire. (Co. 465.)

463. Aucun parent ou allié du failli, jusqu'au quatrième degré inclusivement, ne pourra être nommé syndic.

464. Lorsqu'il y aura lieu de procéder à l'adjonction ou au remplacement d'un ou plusieurs syndics, il en sera référé par le juge-commissaire au tribunal de commerce, qui procèdera à la nomination suivant les formes établies par l'article 462. (Co. 512, 583.)

465. S'il a été nommé plusieurs syndics, ils ne pourront agir

[1] 454. — [2] 476. — [3] 480. — [4] 460. — [5] 456. — [6] 485.

que collectivement; néanmoins, le juge-commissaire peut donner à un ou plusieurs d'entre eux des autorisations spéciales à l'effet de faire séparément certains actes d'administration. Dans ce dernier cas, les syndics autorisés seront seuls responsables.

466. S'il s'élève des réclamations contre quelqu'une des opérations des syndics, le juge-commissaire statuera, dans le délai de trois jours, sauf recours devant le tribunal de commerce. (Co. 453, 583.)

Les décisions du juge-commissaire sont exécutoires par provision. (Pr. 135.)

467. Le juge-commissaire pourra, soit sur les réclamations à lui adressées par le failli ou par des créanciers, soit même d'office, proposer la révocation d'un ou plusieurs des syndics.

Si, dans les huit jours, le juge-commissaire n'a pas fait droit aux réclamations qui lui ont été adressées, ces réclamations pourront être portées devant le tribunal.

Le tribunal, en chambre du conseil, entendra le rapport du juge-commissaire et les explications des syndics, et prononcera à l'audience sur la révocation. (Co. 462, 524, 583.)

CHAPITRE V.

DES FONCTIONS DES SYNDICS.

SECTION PREMIÈRE.

Dispositions générales.

468 [1]. Si l'apposition des scellés n'avait point eu lieu avant la nomination des syndics, ils requerront le juge de paix d'y procéder. (Co. *Scellés*, 455, 458, 469, 522.)

469. Le juge-commissaire pourra également, sur la demande des syndics, les dispenser de faire placer sous les scellés, ou les autoriser à en faire extraire :

1° Les vêtemens, hardes, meubles et effets nécessaires au failli et à sa famille, et dont la délivrance sera autorisée par le juge-commissaire sur l'état que lui en soumettront les syndics;

2° Les objets sujets à dépérissement prochain ou à dépréciation imminente; (Co. 470.)

3° Les objets servant à l'exploitation du fonds de commerce, lorsque cette exploitation ne pourrait être interrompue sans préjudice pour les créanciers. (Co. 450.)

Les objets compris dans les deux paragraphes précédens seront

[1] 462.

de suite inventoriés avec prisée par les syndics, en présence du juge de paix, qui signera le procès-verbal. (Co. 480.)

470 [1]. La vente des objets sujets à dépérissement, ou à dépréciation imminente, ou dispendieux à conserver, et l'exploitation du fonds de commerce, auront lieu à la diligence des syndics, sur l'autorisation du juge-commissaire. (Co. 486, 583.)

471 [2]. Les livres seront extraits des scellés et remis par le juge de paix aux syndics, après avoir été arrêtés par lui; il constatera sommairement, par son procès-verbal, l'état dans lequel ils se trouveront. (Co. 475; *Minist. public*, 483.)

Les effets de portefeuille à courte échéance ou susceptibles d'acceptation, ou pour lesquels il faudra faire des actes conservatoires, seront aussi extraits des scellés par le juge de paix, décrits et remis aux syndics pour en faire le recouvrement. Le bordereau en sera remis au juge-commissaire.

Les autres créances seront recouvrées par les syndics sur leurs quittances. Les lettres adressées au failli seront remises aux syndics, qui les ouvriront; il pourra, s'il est présent, assister à l'ouverture. (Co. 458, 484, 485.)

472 [3]. Le juge-commissaire, d'après l'état apparent des affaires du failli, pourra proposer sa mise en liberté avec sauf-conduit provisoire de sa personne. Si le tribunal accorde le sauf-conduit, il pourra obliger le failli à fournir caution de se représenter, sous peine de paiement d'une somme que le tribunal arbitrera, et qui sera dévolue à la masse. (Co. 455, 456, 460, 583.)

473 [4]. A défaut, par le juge-commissaire, de proposer un sauf-conduit pour le failli, ce dernier pourra présenter sa demande au tribunal de commerce, qui statuera, en audience publique, après avoir entendu le juge-commissaire. (Co. 472, 583.)

474 [5]. Le failli pourra obtenir pour lui et sa famille, sur l'actif de sa faillite, des secours alimentaires qui seront fixés, sur la proposition des syndics, par le juge-commissaire, sauf appel au tribunal, en cas de contestation. (Co. 530; *Vêtemens*, 469; *Recours*, 453, 583.)

475 [6]. Les syndics appelleront le failli auprès d'eux pour clore et arrêter les livres en sa présence. (Co. *Livres*, 471.)

S'il ne se rend pas à l'invitation, il sera sommé de comparaître dans les quarante-huit heures au plus tard.

[7] Soit qu'il ait ou non obtenu un sauf-conduit, il pourra comparaître par fondé de pouvoirs, s'il justifie de causes d'empêchement reconnues valables par le juge-commissaire. (Co. 505, 586.)

476 [8]. Dans le cas où le bilan n'aurait pas été déposé par le failli,

[1] 464. — [2] 463. — [3] 466. — [4] 467. — [5] 530. — [6] 468. — [7] 469. — [8] 473.

les syndics le dresseront immédiatement à l'aide des livres et papiers du failli, et des renseignemens qu'ils se procureront, et ils le déposeront au greffe du tribunal de commerce. (Co. *Bilan*, 439, 522.)

477 [1]. Le juge-commissaire est autorisé à entendre le failli, ses commis et employés, et toute autre personne, tant sur ce qui concerne la formation du bilan que sur les causes et les circonstances de la faillite. (Co. 498.)

478 [2]. Lorsqu'un commerçant aura été déclaré en faillite après son décès, ou lorsque le failli viendra à décéder après la déclaration de la faillite, sa veuve, ses enfans et ses héritiers pourront se présenter ou se faire représenter pour le suppléer dans la formation du bilan, ainsi que dans toutes les autres opérations de la faillite. (Co. 438, 481; *Comparut.*, 475, 505; *Réhabilit.*, 614.)

SECTION II.

De la Levée des Scellés, et de l'Inventaire.

479 [3]. Dans les trois jours, les syndics requerront la levée des scellés, et procèderont à l'inventaire des biens du failli, lequel sera présent ou dûment appelé. (Co. *Scellés*, 455, 468, 522. — Pr. 928, 931.)

480 [4]. L'inventaire sera dressé en double minute par les syndics, à mesure que les scellés seront levés, et en présence du juge de paix, qui le signera à chaque vacation. L'une de ces minutes sera déposée au greffe du tribunal de commerce, dans les vingt-quatre heures, l'autre restera entre les mains des syndics. (Pr. 937.)

[5] Les syndics seront libres de se faire aider, pour sa rédaction comme pour l'estimation des objets, par qui ils jugeront convenable. (Co. 488.)

Il sera fait récolement des objets qui, conformément à l'art. 469, n'auraient pas été mis sous les scellés, et auraient déjà été inventoriés et prisés. (Co. *Minist. public*, 483.)

481. En cas de déclaration de faillite après décès, lorsqu'il n'aura point été fait d'inventaire antérieurement à cette déclaration, ou en cas de décès du failli avant l'ouverture de l'inventaire, il y sera procédé immédiatement, dans les formes du précédent article, et en présence des héritiers, ou eux dûment appelés. (Co. 478.)

482 [6]. En toute faillite, les syndics, dans la quinzaine de leur entrée ou de leur maintien en fonctions, seront tenus de remettre au juge-commissaire un mémoire ou compte sommaire de l'état apparent de la faillite, de ses principales causes et circonstances, et des caractères qu'elle paraît avoir.

[1] 474. — [2] 475. — [3] 486-487. — [4] 486. — [5] 486. — [6] 488.

Le juge-commissaire transmettra immédiatement les mémoires, avec ses observations, au procureur du Roi. S'ils ne lui ont pas été remis dans les délais prescrits, il devra en prévenir le procureur du Roi, et lui indiquer les causes du retard. (Co. 459.)

483 [1]. Les officiers du ministère public pourront se transporter au domicile du failli et assister à l'inventaire. (Co. 479, 522.)

Ils auront, à toute époque, le droit de requérir communication de tous les actes, livres ou papiers relatifs à la faillite. (Co. 471, 602, 603.)

SECTION III.

De la Vente des Marchandises et Meubles, et des Recouvremens.

484 [2]. L'inventaire terminé, les marchandises, l'argent, les titres actifs, les livres et papiers, meubles et effets du débiteur, seront remis aux syndics, qui s'en chargeront au bas dudit inventaire. (Co. 471, 519.)

485 [3]. Les syndics continueront de procéder, sous la surveillance du juge-commissaire, au recouvrement des dettes actives. (Co. 471.)

486 [4]. Le juge-commissaire pourra, le failli entendu ou dûment appelé, autoriser les syndics à procéder à la vente des effets mobiliers ou marchandises. (Co. 470, 583.)

Il décidera si la vente se fera soit à l'amiable, soit aux enchères publiques, par l'entremise de courtiers ou de tous autres officiers publics préposés à cet effet.

Les syndics choisiront dans la classe d'officiers publics déterminée par le juge-commissaire, celui dont ils voudront employer le ministère. (Pr. 945, 946.)

487. Les syndics pourront, avec l'autorisation du juge-commissaire, et le failli dument appelé, transiger sur toutes contestations qui intéressent la masse, même sur celles qui sont relatives à des droits et actions immobiliers. (Co. 535.)

Si l'objet de la transaction est d'une valeur indéterminée ou qui excède 300 fr., la transaction ne sera obligatoire qu'après avoir été homologuée, savoir : par le tribunal de commerce pour les transactions relatives à des droits mobiliers, et par le tribunal civil pour les transactions relatives à des droits immobiliers.

Le failli sera appelé à l'homologation; il aura, dans tous les cas, la faculté de s'y opposer. Son opposition suffira pour empêcher la transaction, si elle a pour objet des biens immobiliers. (Co. *Failli*, 443.)

488 [5]. Si le failli a été affranchi du dépôt, ou s'il a obtenu un

[1] 489. — [2] 491. — [3] 492. — [4] 492. — [5] 493.

sauf-conduit, les syndics pourront l'employer pour faciliter et éclairer leur gestion; le juge-commissaire fixera les conditions de son travail. (Co. 472, 475, 480.)

489 [1]. Les deniers provenant des ventes et des recouvremens seront, sous la déduction des sommes arbitrées par le juge-commissaire, pour le montant des dépenses et frais, versés immédiatement à la caisse des dépôts et consignations. Dans les trois jours des recettes, il sera justifié au juge-commissaire desdits versemens; en cas de retard, les syndics devront les intérêts des sommes qu'ils n'auront point versées.

Les deniers versés par les syndics et tous autres consignés par des tiers, pour compte de la faillite, ne pourront être retirés qu'en vertu d'une ordonnance du juge-commissaire. S'il existe des oppositions, les syndics devront préalablement en obtenir la main-levée.

[2] Le juge-commissaire pourra ordonner que le versement sera fait par la caisse directement entre les mains des créanciers de la faillite, sur un état de répartition dressé par les syndics et ordonnancé par lui. (Co. 565, 566.)

SECTION IV.

Des Actes conservatoires.

490 [3]. A compter de leur entrée en fonctions, les syndics seront tenus de faire tous actes pour la conservation des droits du failli contre ses débiteurs.

Ils seront aussi tenus de requérir l'inscription aux hypothèques sur les immeubles des débiteurs du failli, si elle n'a pas été requise par lui; l'inscription sera prise au nom de la masse par les syndics, qui joindront à leurs bordereaux un certificat constatant leur nomination.

[4] Ils seront tenus aussi de prendre inscription, au nom de la masse des créanciers, sur les immeubles du failli dont ils connaîtront l'existence. L'inscription sera reçue sur un simple bordereau énonçant qu'il y a faillite, et relatant la date du jugement par lequel ils auront été nommés. (C. 2146 s., 2154.)

SECTION V.

De la Vérification des Créances.

491 [5]. A partir du jugement déclaratif de la faillite, les créanciers pourront remettre au greffier leurs titres, avec un bordereau indicatif des sommes par eux réclamées. Le greffier devra en tenir état et en donner récépissé. (Co. 440.)

[1] 496-497. — [2] 498. — [3] 499. — [4] 500. — [5] 501.

Il ne sera responsable des titres que pendant cinq années, à partir du jour de l'ouverture du procès-verbal de vérification. (C. 2276.)

492[1]. Les créanciers qui, à l'époque du maintien ou du remplacement des syndics, en exécution du troisième paragraphe de l'article 462, n'auront pas remis leurs titres, seront immédiatement avertis, par des insertions dans les journaux et par lettres du greffier, qu'ils doivent se présenter en personne ou par fondés de pouvoirs, dans le délai de vingt jours, à partir desdites insertions, aux syndics de la faillite, et leur remettre leurs titres accompagnés d'un bordereau indicatif des sommes par eux réclamées, si mieux ils n'aiment en faire le dépôt au greffe du tribunal de commerce; il leur en sera donné récépissé. (Co. 491, 522, 523.)

A l'égard des créanciers domiciliés en France, hors du lieu où siége le tribunal saisi de l'instruction de la faillite, ce délai sera augmenté d'un jour par cinq myriamètres de distance entre le lieu où siége le tribunal et le domicile du créancier. (Co. 448, 582.)

A l'égard des créanciers domiciliés hors du territoire continental de la France, ce délai sera augmenté conformément aux règles de l'article 73 du Code de procédure civile.

493[2]. La vérification des créances commencera dans les trois jours de l'expiration des délais déterminés par les premier et deuxième paragraphes de l'article 492. Elle sera continuée sans interruption. Elle se fera aux lieu, jour et heure indiqués par le juge-commissaire. L'avertissement aux créanciers, ordonné par l'article précédent, contiendra mention de cette indication. Néanmoins, les créanciers seront de nouveau convoqués à cet effet, tant par lettres du greffier que par insertions dans les journaux. (Co. 522.)

Les créances des syndics seront vérifiées par le juge-commissaire; les autres le seront contradictoirement entre le créancier ou son fondé de pouvoirs et les syndics, en présence du juge-commissaire, qui en dressera procès-verbal. (Co. 494.)

494[3]. Tout créancier vérifié ou porté au bilan pourra assister à la vérification des créances, et fournir des contredits aux vérifications faites et à faire. Le failli aura le même droit. (Co. 498.)

495[4]. Le procès-verbal de vérification indiquera le domicile des créanciers et de leurs fondés de pouvoirs. (Co. 492.)

Il contiendra la description sommaire des titres, mentionnera les surcharges, ratures et interlignes, et exprimera si la créance est admise ou contestée. (Co. 497, 498.)

496[5]. Dans tous les cas, le juge-commissaire pourra, même d'office, ordonner la représentation des livres du créancier, ou demander,

[1] 502. — [2] 503. — [3] 504. — [4] 505. — [5] 505.

en vertu d'un compulsoire, qu'il en soit rapporté un extrait fait par les juges du lieu. (**Co.** *Livres*, 14, 15, 16. — **Pr.** *Compuls.*, 849.)

497 [1]. Si la créance est admise, les syndics signeront, sur chacun des titres, la déclaration suivante :

[2] *Admis au passif de la faillite de.................., pour la somme de...................., le....................*

Le juge-commissaire visera la déclaration.

[3] Chaque créancier, dans la huitaine au plus tard, après que sa créance aura été vérifiée, sera tenu d'affirmer, entre les mains du juge-commissaire, que ladite créance est sincère et véritable. (**Co.** 499, 503.)

498 [4]. Si la créance est contestée, le juge-commissaire pourra, sans qu'il soit besoin de citation, renvoyer à bref délai devant le tribunal de commerce, qui jugera sur son rapport.

[5] Le tribunal de commerce pourra ordonner qu'il soit fait, devant le juge-commissaire, enquête sur les faits, et que les personnes qui pourront fournir des renseignemens soient, à cet effet, citées par devant lui. (**Co.** 477. — **Pr.** *Enquête*, 407, 432.)

499. Lorsque la contestation sur l'admission d'une créance aura été portée devant le tribunal de commerce, ce tribunal, si la cause n'est point en état de recevoir jugement définitif avant l'expiration des délais fixés, à l'égard des personnes domiciliées en France, par les articles 492 et 497, ordonnera, selon les circonstances, qu'il sera sursis ou passé outre à la convocation de l'assemblée pour la formation du concordat. (**Co.** 502.)

Si le tribunal ordonne qu'il sera passé outre, il pourra décider par provision que le créancier contesté sera admis dans les délibérations pour une somme que le même jugement déterminera. (**Co.** 500, 516, 583.)

500. Lorsque la contestation sera portée devant un tribunal civil, le tribunal de commerce décidera s'il sera sursis ou passé outre ; dans ce dernier cas, le tribunal civil saisi de la contestation jugera, à bref délai, sur requête des syndics, signifiée au créancier contesté, et sans autre procédure, si la créance sera admise par provision, et pour quelle somme. (**Co.** 499, 583.)

Dans le cas où une créance serait l'objet d'une instruction criminelle ou correctionnelle, le tribunal de commerce pourra également prononcer le sursis; s'il ordonne de passer outre, il ne pourra accorder l'admission par provision, et le créancier contesté ne pourra prendre part aux opérations de la faillite, tant que les tribunaux compétens n'auront pas statué. (**Co.** 512, 516.)

501. Le créancier dont le privilége ou l'hypothèque seulement

[1] 506. — [2] 506. — [3] 507. — [4] 508. — [5] 509.

serait contesté sera admis dans les délibérations de la faillite comme créancier ordinaire. (**Co.** 508.)

502. A l'expiration des délais déterminés par les articles 492 et 497, à l'égard des personnes domiciliées en France, il sera passé outre à la formation du concordat et à toutes les opérations de la faillite, sous l'exception portée aux articles 567 et 568 en faveur des créanciers domiciliés hors du territoire continental de la France. (**Co.** 504 s.)

503[1]. A défaut de comparution et affirmation dans les délais qui leur sont applicables, les défaillans connus ou inconnus ne seront pas compris dans les répartitions à faire : toutefois, la voie de l'opposition leur sera ouverte jusqu'à la distribution des deniers inclusivement; les frais de l'opposition demeureront toujours à leur charge.

Leur opposition ne pourra suspendre l'exécution des répartitions ordonnancées par le juge-commissaire; mais s'il est procédé à des répartitions nouvelles, avant qu'il ait été statué sur leur opposition, ils seront compris pour la somme qui sera provisoirement déterminée par le tribunal, et qui sera tenue en réserve jusqu'au jugement de leur opposition.

S'ils se font ultérieurement reconnaître créanciers, ils ne pourront rien réclamer sur les répartitions ordonnancés par le juge-commissaire; mais ils auront le droit de prélever sur l'actif, non encore réparti, les dividendes afférens à leurs créances dans les premières répartitions. (**Co.** *Répartit.*, 565, 567. — **Pr.** 664, 756, 758.)

CHAPITRE VI.

DU CONCORDAT ET DE L'UNION.

SECTION Ire.

De la convocation et de l'Assemblée des Créanciers.

504[2]. Dans les trois jours qui suivront les délais prescrits pour l'affirmation, le juge-commissaire fera convoquer, par le greffier, à l'effet de délibérer sur la formation du concordat, les créanciers dont les créances auront été vérifiées et affirmées, ou admises par provision. Les insertions dans les journaux et les lettres de convocation indiqueront l'objet de l'assemblée. (**Co.** 492, 497, 499, 500, 503.)

505[3]. Aux lieu, jour et heure qui seront fixés par le juge-commissaire, l'assemblée se formera sous sa présidence; les créanciers vérifiés et affirmés, ou admis par provision, s'y présenteront en personne ou par fondés de pouvoirs. (**Co.** 497, 499, 500, 503.)

[1] 513. — [2] 514. — [3] 515.

[1] Le failli sera appelé à cette assemblée ; il devra s'y présenter en personne, s'il a été dispensé de la mise en dépôt, ou s'il a obtenu un sauf-conduit, et il ne pourra s'y faire représenter que pour des motifs valables et approuvés par le juge-commissaire. (Co. 475, 478, 586.)

506 [2]. Les syndics feront à l'assemblée un rapport sur l'état de la faillite, sur les formalités qui auront été remplies et les opérations qui auront eu lieu ; le failli sera entendu. (Co. 478, 505.)

[3] Le rapport des syndics sera remis, signé d'eux, au juge-commissaire, qui dressera procès-verbal de ce qui aura été dit et décidé dans l'assemblée. (Co. 452.)

SECTION II.

Du Concordat.

§ Ier. De la formation du Concordat.

507 [4]. Il ne pourra être consenti de traité entre les créanciers délibérans et le débiteur failli, qu'après l'accomplissement des formalités ci-dessus prescrites.

Ce traité ne s'établira que par le concours d'un nombre de créanciers formant la majorité, et représentant, en outre, les trois quarts de la totalité des créances vérifiées et affirmées, ou admises par provision, conformément à la section v du chapitre V : le tout à peine de nullité. (Co. 509 ; *Sursis*, 510, 512 ; *Union*, 529.)

508 [5]. Les créanciers hypothécaires inscrits ou dispensés d'inscription, et les créanciers privilégiés ou nantis d'un gage, n'auront pas voix dans les opérations relatives au concordat pour lesdites créances, et elles n'y seront comptées que s'ils renoncent à leurs hypothèques, gages ou priviléges.

Le vote au concordat emportera de plein droit cette renonciation. (Co. 501, 546, 552.)

509 [6]. Le concordat sera, à peine de nullité, signé séance tenante. S'il est consenti seulement par la majorité en nombre, ou par la majorité des trois quarts en somme, la délibération sera remise à huitaine pour tout délai ; dans ce cas, les résolutions prises et les adhésions données, lors de la première assemblée, demeureront sans effet. (Co. 507 ; *Union*, 529.)

510 [7]. Si le failli a été condamné comme banqueroutier frauduleux, le concordat ne pourra être formé. (Co. 511.)

Lorsqu'une instruction en banqueroute frauduleuse aura été commencée, les créanciers seront convoqués à l'effet de décider s'ils se réservent de délibérer sur un concordat, en cas d'acquittement, et si,

[1] 516. — [2] 517. — [3] 518. — [4] 519. — [5] 520. — [6] 522. — [7] 521.

en conséquence, ils surseoient à statuer jusqu'après l'issue des poursuites.

Ce sursis ne pourra être prononcé qu'à la majorité en nombre et en somme déterminée par l'article 507. Si, à l'expiration du sursis, il y a lieu à délibérer sur le concordat, les règles établies par le précédent article seront applicables aux nouvelles délibérations. (Co. *Banq. fraud.*, 591.)

511[1]. Si le failli a été condamné comme banqueroutier simple, le concordat pourra être formé. Néanmoins, en cas de poursuites commencées, les créanciers pourront surseoir à délibérer jusqu'après l'issue des poursuites, en se conformant aux dispositions de l'article précédent. (Co. 510; *Banq. simp.*, 585, 586.)

512[2]. Tous les créanciers ayant eu droit de concourir au concordat, ou dont les droits auront été reconnus depuis, pourront y former opposition. (Co. 507, 518.)

[3] L'opposition sera motivée, et devra être signifiée aux syndics et au failli, à peine de nullité, dans les huit jours qui suivront le concordat; elle contiendra assignation à la première audience du tribunal de commerce. (Co. 513.)

S'il n'a été nommé qu'un seul syndic et s'il se rend opposant au concordat, il devra provoquer la nomination d'un nouveau syndic, vis-à-vis duquel il sera tenu de remplir les formes prescrites au présent article. (Co. 464.)

Si le jugement de l'opposition est subordonné à la solution de questions étrangères, à raison de la matière, à la compétence du tribunal de commerce, ce tribunal surseoira à prononcer jusqu'après la décision de ces questions.

Il fixera un bref délai dans lequel le créancier opposant devra saisir les juges compétens et justifier de ses diligences. (Co. 500.)

513[4]. L'homologation du concordat sera poursuivie devant le tribunal de commerce, à la requête de la partie la plus diligente; le tribunal ne pourra statuer avant l'expiration du délai de huitaine, fixé par l'article précédent. (Co. *Compét.*, 635.)

Si, pendant ce délai, il a été formé des oppositions, le tribunal statuera sur ces oppositions et sur l'homologation par un seul et même jugement. (Co. 516 s.)

Si l'opposition est admise, l'annulation du concordat sera prononcée à l'égard de tous les intéressés. (Co. 515, 520.)

514. Dans tous les cas, avant qu'il soit statué sur l'homologation, le juge-commissaire fera au tribunal de commerce un rapport sur les caractères de la faillite et sur l'admissibilité du concordat. (Co. *Juge commiss.*, 452.)

[1] 521. — [2] 523 — [3] 523. — [4] 524.

515 [1]. En cas d'inobservation des règles ci-dessus prescrites, ou lorsque des motifs tirés, soit de l'intérêt public, soit de l'intérêt des créanciers, paraîtront de nature à empêcher le concordat, le tribunal en refusera l'homologation. (Co. 513.)

§ II. Des Effets du Concordat.

516 [2]. L'homologation du concordat le rendra obligatoire pour tous les créanciers portés ou non portés au bilan, vérifiés ou non vérifiés, et même pour les créanciers domiciliés hors du territoire continental de la France, ainsi que pour ceux qui, en vertu des articles 499 et 500, auraient été admis par provision à délibérer, quelle que soit la somme que le jugement définitif leur attribuerait ultérieurement. (Co. 492, 499, 500, 567, 568; *Banq. fraud.*, 521.)

517 [3]. L'homologation conservera à chacun des créanciers, sur les immeubles du failli, l'hypothèque inscrite en vertu du troisième paragraphe de l'article 490. A cet effet, les syndics feront inscrire aux hypothèques le jugement d'homologation, à moins qu'il n'en ait été décidé autrement par le concordat. (Co. 490, 513. — C. 2146.)

518. Aucune action en nullité du concordat ne sera recevable, après l'homologation, que pour cause de dol découvert depuis cette homologation, et résultant, soit de la dissimulation de l'actif, soit de l'exagération du passif. (Co. 512, 520.)

519 [4]. Aussitôt après que le jugement d'homologation sera passé en force de chose jugée, les fonctions des syndics cesseront. (Co. 462.)

Les syndics rendront au failli leur compte définitif, en présence du juge-commissaire; ce compte sera débattu et arrêté. Ils remettront au failli l'universalité de ses biens, livres, papiers et effets. Le failli en donnera décharge. (Co. 481.)

Il sera dressé du tout procès-verbal par le juge-commissaire, dont les fonctions cesseront. (Co. 452.)

En cas de contestation, le tribunal de commerce prononcera. (Co. *Compét.*, 635.)

§ III. De l'Annulation ou de la Résolution du Concordat.

520. L'annulation du concordat, soit pour dol, soit par suite de condamnation pour banqueroute frauduleuse intervenue après son homologation, libère de plein droit les cautions. (Co. 518.)

En cas d'inexécution, par le failli, des conditions de son concordat, la résolution de ce traité pourra être poursuivie contre lui devant le tribunal de commerce, en présence des cautions, s'il en existe, ou elles dûment appelées. (Co. 486.)

La résolution du concordat ne libèrera pas les cautions qui y seront intervenues pour en garantir l'exécution totale ou partielle.

[1] 526. — [2] 524. — [3] 524. — [4] 525.

521. Lorsque, après l'homologation du concordat, le failli sera poursuivi pour banqueroute frauduleuse, et placé sous mandat de dépôt ou d'arrêt, le tribunal de commerce pourra prescrire telles mesures conservatoires qu'il appartiendra. Ces mesures cesseront de plein droit du jour de la déclaration qu'il n'y a lieu à suivre, de l'ordonnance d'acquittement ou de l'arrêt d'absolution. (Co. 516; *Compét.*, 635.)

522. Sur le vu de l'arrêt de condamnation pour banqueroute frauduleuse, ou par le jugement qui prononcera, soit l'annulation, soit la résolution du concordat, le tribunal de commerce nommera un juge-commissaire et un ou plusieurs syndics. (Co. *Jug. comm.*, 451, 454, 519; *Syndics*, 462; *Jugement*, 583.)

Ces syndics pourront faire apposer les scellés. (Co. 455 s.)

Ils procèderont, sans retard, avec l'assistance du juge de paix, sur l'ancien inventaire, au récolement des valeurs, actions et des papiers, et procèderont, s'il y a lieu, à un supplément d'inventaire. (Co. 480, 483.)

Ils dresseront un bilan supplémentaire. (Co. 439.)

Ils feront immédiatement afficher et insérer dans les journaux à ce destinés, avec un extrait du jugement qui les nomme, invitation aux créanciers nouveaux, s'il en existe, de produire, dans le délai de vingt jours, leurs titres de créances à la vérification. Cette invitation sera faite aussi par lettres du greffier, conformément aux articles 492 et 493. (Co. 442, 600.)

523. Il sera procédé, sans retard, à la vérification des titres de créances produits en vertu de l'article précédent. (Co. 491 s.)

Il n'y aura pas lieu à nouvelle vérification des créances antérieurement admises et affirmées, sans préjudice néanmoins du rejet ou de la réduction de celles qui depuis auraient été payées en tout ou en partie. (Co. *Contredits*, 494.)

524. Ces opérations mises à fin, s'il n'intervient pas de nouveau concordat, les créanciers seront convoqués à l'effet de donner leur avis sur le maintien ou le remplacement des syndics. (Co. 462.)

Il ne sera procédé aux répartitions qu'après l'expiration, à l'égard des créanciers nouveaux, des délais accordés aux personnes domiciliées en France, par les articles 492 et 497. (Co. *Répartit.*, 565 s.)

525. Les actes faits par le failli postérieurement au jugement d'homologation, et antérieurement à l'annulation ou à la résolution du concordat, ne seront annulés qu'en cas de fraude aux droits des créanciers. (C. 1167.)

526. Les créanciers antérieurs au concordat rentreront dans l'intégralité de leurs droits à l'égard du failli seulement; mais ils ne pourront figurer dans la masse que pour les proportions suivantes, savoir :

S'ils n'ont touché aucune part du dividende, pour l'intégralité de leurs créances; s'ils ont reçu une partie du dividende, pour la portion de leurs créances primitives correspondante à la portion du dividende promis qu'ils n'auront pas touchée.

Les dispositions du présent article seront applicables au cas où une seconde faillite viendra à s'ouvrir, sans qu'il y ait eu préalablement annulation ou résolution du concordat.

SECTION III.

De la Clôture en cas d'insuffisance de l'Actif.

527. Si, à quelque époque que ce soit, avant l'homologation du concordat ou la formation de l'union, le cours des opérations de la faillite se trouve arrêté par insuffisance de l'actif, le tribunal de commerce pourra, sur le rapport du juge-commissaire, prononcer, même d'office, la clôture des opérations de la faillite. (Co. *Jug. comm.*, 452.)

Ce jugement fera rentrer chaque créancier dans l'exercice de ses actions individuelles, tant contre les biens que contre la personne du failli. (Co. 539, 545.)

Pendant un mois, à partir de sa date, l'exécution de ce jugement sera suspendue [1].

528. Le failli ou tout autre intéressé, pourra, à toute époque, le faire rapporter par le tribunal, en justifiant qu'il existe des fonds pour faire face aux frais des opérations de la faillite, ou en faisant consigner, entre les mains des syndics somme suffisante pour y pourvoir. (Co. 527.)

Dans tous les cas, les frais des poursuites exercées en vertu de l'article précédent devront être préalablement acquittés [2].

SECTION IV.

De l'Union des Créanciers.

529 [3]. S'il n'intervient point de concordat, les créanciers seront de plein droit en état d'union. (Co. 507; *Dissolution*, 537.)

Le juge-commissaire les consultera immédiatement, tant sur les faits de la gestion que sur l'utilité du maintien ou du remplacement des syndics. Les créanciers privilégiés, hypothécaires ou nantis d'un gage, seront admis à cette délibération.

Il sera dressé procès-verbal des dires et observations des créanciers, et, sur le vu de cette pièce, le tribunal de commerce statuera comme il est dit à l'article 462.

Les syndics qui ne seraient pas maintenus devront rendre leur

[1] et [2] Ces deux dispositions s'appliquent même aux faillites ouvertes antérieurement à la promulgation de la présente loi. — [3] 527.

compte aux nouveaux syndics, en présence du juge-commissaire, le failli dûment appelé.

530 [1]. Les créanciers seront consultés sur la question de savoir si un secours pourra être accordé au failli sur l'actif de la faillite. (Co. 474.)

[2] Lorsque la majorité des créanciers présens y aura consenti, une somme pourra être accordée au failli à titre de secours sur l'actif de la faillite. Les syndics en proposeront la quotité, qui sera fixée par le juge-commissaire, sauf recours au tribunal de commerce, de la part des syndics seulement. (Co. 453.)

531. Lorsqu'une société de commerce sera en faillite, les créanciers pourront ne consentir de concordat qu'en faveur d'un ou de plusieurs des associés.

En ce cas, tout l'actif social demeurera sous le régime de l'union. Les biens personnels de ceux avec lesquels le concordat aura été consenti en seront exclus, et le traité particulier passé avec eux ne pourra contenir l'engagement de payer un dividende que sur des valeurs étrangères à l'actif social.

L'associé qui aura obtenu un concordat particulier sera déchargé de toute solidarité. (Co. 22; *Réhabilit.*, 604.)

532 [3]. Les syndics représentent la masse des créanciers et sont chargés de procéder à la liquidation. (Co. 534.)

Néanmoins, les créanciers pourront leur donner mandat pour continuer l'exploitation de l'actif.

La délibération qui leur confèrera ce mandat en déterminera la durée et l'étendue, et fixera les sommes qu'ils pourront garder entre leurs mains, à l'effet de pourvoir aux frais et dépenses. Elle ne pourra être prise qu'en présence du juge-commissaire, et à la majorité des trois quarts des créanciers en nombre et en somme. (Co. 452, 507.)

La voie de l'opposition sera ouverte contre cette délibération au failli et aux créanciers dissidens.

Cette opposition ne sera pas suspensive de l'exécution.

533. Lorsque les opérations des syndics entraîneront des engagemens qui excèderaient l'actif de l'union, les créanciers qui auront autorisé ces opérations seront seuls tenus personnellement au-delà de leur part dans l'actif, mais seulement dans les limites du mandat qu'ils auront donné; ils contribueront au prorata de leurs créances.

534 [4]. Les syndics sont chargés de poursuivre la vente des immeubles, marchandises et effets mobiliers du failli, et la liquidation de ses dettes actives et passives; le tout sous la surveillance du juge-commissaire, et sans qu'il soit besoin d'appeler le failli. (Co. 572, 532.)

[1] 529. — [2] 530. — [3] 528. — [4] 528.

535. Les syndics pourront, en se conformant aux règles prescrites par l'article 487, transiger sur toute espèce de droits appartenant au failli, nonobstant toute opposition de sa part. (**Co.** 487, 570.)

536. Les créanciers en état d'union seront convoqués, au moins une fois dans la première année, et, s'il y a lieu, dans les années suivantes, par le juge-commissaire.

Dans ces assemblées, les syndics devront rendre compte de leur gestion.

Ils seront continués ou remplacés dans l'exercice de leurs fonctions, suivant les formes prescrites par les articles 462 et 529.

537 [1]. Lorsque la liquidation de la faillite sera terminée, les créanciers seront convoqués par le juge-commissaire.

Dans cette dernière assemblée, les syndics rendront leur compte. Le failli sera présent ou dûment appelé. (**Pr.** 527.)

Les créanciers donneront leur avis sur l'excusabilité du failli. Il sera dressé, à cet effet, un procès-verbal dans lequel chacun des créanciers pourra consigner ses dires et observations.

Après la clôture de cette assemblée, l'union sera dissoute de plein droit. (**Co.** *Union*, 529.)

538 [2]. Le juge-commissaire présentera au tribunal la délibération des créanciers relative à l'excusabilité du failli, et un rapport sur les caractères et les circonstances de la faillite.

Le tribunal prononcera si le failli est ou non excusable. (**Co.** *Réhabilit.*, 604.)

539. Si le failli n'est pas déclaré excusable, les créanciers rentreront dans l'exercice de leurs actions individuelles, tant contre sa personne que sur ses biens. (**Co.** 527.)

[3] S'il est déclaré excusable, il demeurera affranchi de la contrainte par corps à l'égard des créanciers de sa faillite, et ne pourra plus être poursuivi par eux que sur ses biens, sauf les exceptions prononcées par les lois spéciales.

540 [4]. Ne pourront être déclarés excusables : les banqueroutiers frauduleux, les stelionataires, les personnes condamnées pour vol, escroquerie ou abus de confiance, les comptables de deniers publics. (**Co.** 591. — **C.** 2059. — **P.** 401, 406.)

541 [5]. Aucun débiteur commerçant ne sera recevable à demander son admission au bénéfice de cession de biens. (**C.** 1265. — **Pr.** 898.)

[1] 56[illegible]. — [2] 531. — [3] 568. — [4] 575. — [5] 566 s.

CHAPITRE. VII.

DES DIFFÉRENTES ESPÈCES DE CRÉANCIERS, ET DE LEURS DROITS EN CAS DE FAILLITE.

SECTION Ire.

Des Co-obligés et des Cautions.

542 [1]. Le créancier porteur d'engagemens souscrits, endossés ou garantis solidairement par le failli et d'autres co-obligés qui sont en faillite, participera aux distributions dans toutes les masses, et y figurera pour la valeur nominale de son titre jusqu'à parfait paiement. (Co. 543, 565.)

543. Aucun recours, pour raison des dividendes payés, n'est ouvert aux faillites des co-obligés les unes contre les autres, si ce n'est lorsque la réunion des dividendes que donneraient ces faillites excéderait le montant total de la créance, en principal et accessoires, auquel cas cet excédant sera dévolu, suivant l'ordre des engagemens, à ceux des co-obligés qui auraient les autres pour garans.

544 [2]. Si le créancier porteur d'engagemens solidaires entre le failli et d'autres co-obligés a reçu, avant la faillite, un à-compte sur sa créance, il ne sera compris dans la masse que sous la déduction de cet à-compte, et conservera, pour ce qui lui restera dû, ses droits contre le co-obligé ou la caution. (Co. 542.)

Le co-obligé ou la caution qui aura fait le paiement partiel sera compris dans la même masse pour tout ce qu'il aura payé à la décharge du failli. (Co. 542, 565.)

545. Nonobstant le concordat, les créanciers conservent leur action pour la totalité de leur créance contre les co-obligés du failli. (Co. 527.)

SECTION II.

Des Créanciers nantis de gage, et des Créanciers privilégiés sur les Biens meubles.

546 [3]. Les créanciers du failli qui seront valablement nantis de gages ne seront inscrits dans la masse que pour mémoire. (Co. 508, 547.)

547 [4]. Les syndics pourront, *à toute époque*, avec l'autorisation du juge-commissaire, retirer les gages au profit de la faillite, en remboursant la dette. (Co. 548.)

548 [5]. Dans le cas où le gage ne sera pas retiré par les syndics, s'il est vendu par le créancier moyennant un prix qui excède la créance, le surplus sera recouvré par les syndics; si le prix est

[1] 534. — [2] 518. — [3] 535. — [4] 536. — [5] 537.

moindre que la créance, le créancier nanti viendra à contribution pour le surplus, dans la masse, comme créancier ordinaire. (Co. 552, 565.

549. Le salaire acquis aux ouvriers employés directement par le failli, pendant le mois qui aura précédé la déclaration de faillite, sera admis au nombre des créances privilégiées, au même rang que le privilége établi par l'article 2101 du Code civil pour le salaire des gens de service.

Les salaires dus aux commis pour les six mois qui auront précédé la déclaration de faillite seront admis au même rang.

550. Le privilége et le droit de revendication, établis par le n° 4 de l'article 2102 du Code civil, au profit du vendeur d'effets mobiliers, ne seront point admis en cas de faillite.

551 [1]. Les syndics présenteront au juge-commissaire l'état des créanciers se prétendant privilégiés sur les biens meubles, et le juge-commissaire autorisera, s'il y a lieu, le paiement de ces créanciers sur les premiers deniers rentrés. (Co. 452.)

Si le privilége est contesté, le tribunal prononcera. (Co. *Compétence*, 635.)

SECTION III.

Des droits des Créanciers hypothécaires et privilégiés sur les Immeubles.

552 [2]. Lorsque la distribution du prix des immeubles sera faite antérieurement à celle du prix des biens meubles, ou simultanément, les créanciers privilégiés ou hypothécaires, non remplis sur le prix des immeubles, concourront, à proportion de ce qui leur restera dû, avec les créanciers chirographaires, sur les deniers appartenant à la masse chirographaire, pourvu toutefois que leurs créances aient été vérifiées et affirmées suivant les formes ci-dessus établies. (Co. 565.)

553 [3]. Si une ou plusieurs distributions des deniers mobiliers précèdent la distribution du prix des immeubles, les créanciers privilégiés et hypothécaires, vérifiés et affirmés concourront aux répartitions dans la portion de leurs créances totales, et sauf, le cas échéant, les distractions dont il sera parlé ci-après. (Co. 552, 565.)

554 [4]. Après la vente des immeubles et le réglement définitif de l'ordre entre les créanciers hypothécaires et privilégiés, ceux d'entre eux qui viendront en ordre utile sur le prix des immeubles pour la totalité de leur créance ne toucheront le montant de leur collocation hypothécaire que sous la déduction des sommes par eux perçues dans la masse chirographaire.

Les sommes ainsi déduites ne resteront point dans la masse hypo-

[1] 533. — [2] 539. — [3] 540. — [4] 541.

thécaire, mais retourneront à la masse chirographaire, au profit de laquelle il en sera fait distraction. (**Co.** 565 s.)

555[1]. A l'égard des créanciers hypothécaires qui ne seront colloqués que partiellement dans la distribution du prix des immeubles, il sera procédé comme il suit : leurs droits sur la masse chirographaire seront définitivement réglés d'après les sommes dont ils resteront créanciers après leur collocation immobilière, et les deniers qu'ils auront touchés au-delà de cette proportion, dans la distribution antérieure, leur seront retenus sur le montant de leur collocation hypothécaire, et reversés dans la masse chirographaire.

556[2]. Les créanciers qui ne viennent point en ordre utile seront considérés comme chirographaires et soumis comme tels aux effets du concordat et de toutes les opérations de la masse chirographaire. (**Co.** 565 s.)

SECTION IV.

Des Droits des Femmes.

557[3]. En cas de faillite du mari, la femme dont les apports en immeubles ne se trouveraient pas mis en communauté reprendra en nature lesdits immeubles et ceux qui lui seront survenus par succession ou par donation entre-vifs ou testamentaire. (**Co.** 561. — **C.** 1470, 1493, 1554, 1564.)

558[4]. La femme reprendra pareillement les immeubles acquis par elle et en son nom des deniers provenant desdites successions et donations, pourvu que la déclaration d'emploi soit expressément stipulée au contrat d'acquisition, et que l'origine des deniers soit constatée par inventaire ou par tout autre acte authentique. (**Co.** 559. — **C.** 1402, 1493. s.)

559[5]. Sous quelque régime qu'ait été formé le contrat de mariage, hors le cas prévu par l'article précédent, la présomption légale est que les biens acquis par la femme du failli appartiennent à son mari, ont été payés de ses deniers, et doivent être réunis à la masse de son actif, sauf à la femme à fournir la preuve du contraire. (**Co.** 562. — **C.** 1402, 1404.)

560[6]. La femme pourra reprendre en nature les effets mobiliers qu'elle s'est constitués par contrat de mariage, ou qui lui sont advenus par succession, donation entre-vifs ou testamentaire, et qui ne seront pas entrés en communauté, toutes les fois que l'identité en sera prouvée par inventaire ou tout autre acte authentique.

A défaut, par la femme, de faire cette preuve, tous les effets mobiliers, tant à l'usage du mari qu'à celui de la femme, sous quelque régime qu'ait été contracté le mariage, seront acquis aux créanciers,

[1] 542. — [2] 543. — [3] 545. — [4] 546. — [5] 547. — [6] 554.

sauf aux syndics à lui remettre, avec l'autorisation du juge-commissaire, les habits et linge nécessaires à son usage. (Co. 557.)

561 [1]. L'action en reprise, résultant des dispositions des art. 557 et 558, ne sera exercée par la femme qu'à la charge des dettes et hypothèques dont les biens sont légalement grevés, soit que la femme s'y soit obligée volontairement, soit qu'elle y ait été condamnée.

562 [2]. Si la femme a payé des dettes pour son mari, la présomption légale est qu'elle l'a fait des deniers de celui-ci, et elle ne pourra, en conséquence, exercer aucune action dans la faillite, sauf la preuve contraire, comme il est dit à l'art. 559. (Co. 569.)

563 [3]. Lorsque le mari sera commerçant au moment de la célébration du mariage, ou lorsque, n'ayant pas alors d'autre profession déterminée, il sera devenu commerçant dans l'année, les immeubles qui lui appartiendraient à l'époque de la célébration du mariage, ou qui lui seraient advenus depuis, soit par succession, soit par donation entre-vifs ou testamentaire, seront seuls soumis à l'hypothèque de la femme :

1° Pour les deniers et effets mobiliers qu'elle aura apportés en dot, ou qui lui seront advenus depuis le mariage par succession ou donation entre-vifs ou testamentaire, et dont elle prouvera la délivrance ou le paiement par acte ayant date certaine; 2° pour le remploi de ses biens aliénés pendant le mariage; 3° pour l'indemnité des dettes par elle contractées avec son mari. (C. 2121, 2135.)

564 [4]. La femme dont le mari était commerçant à l'époque de la célébration du mariage, ou dont le mari, n'ayant pas alors d'autre profession déterminée, sera devenu commerçant dans l'année qui suivra cette célébration, ne pourra exercer dans la faillite aucune action à raison des avantages portés au contrat de mariage, et, dans ce cas, les créanciers ne pourront, de leur côté, se prévaloir des avantages faits par la femme au mari dans ce même contrat. (C. 1091, 1096, 1480, 1515.)

CHAPITRE VIII.

DE LA RÉPARTITION ENTRE LES CRÉANCIERS ET DE LA LIQUIDATION DU MOBILIER.

565 [5]. Le montant de l'actif mobilier, distraction faite des frais et dépenses de l'administration de la faillite, des secours qui auraient été accordés au failli ou à sa famille, et des sommes payées aux créanciers privilégiés, sera réparti entre tous les créanciers au marc le franc de leurs créances vérifiées et affirmées. (Co. 489, 474, 552.)

566 [6]. A cet effet les syndics remettront tous les mois, au juge-

[1] 548. — [2] 550. — [3] 551-553. — [4] 549-553. — [5] 558. — [6] 559

commissaire, un état de situation de la faillite, et des deniers déposés à la caisse des dépôts et consignations; le juge-commissaire ordonnera, s'il y a lieu, une répartition entre les créanciers, en fixera la quotité, et veillera à ce que tous les créanciers en soient avertis. (Co. 489, 567.)

567. Il ne sera procédé à aucune répartition entre les créanciers domiciliés en France, qu'après la mise en réserve de la part correspondante aux créances pour lesquelles les créanciers domiciliés hors du territoire continental de la France seront portés sur le bilan.

Lorsque ces créances ne paraîtront pas portées sur le bilan d'une manière exacte, le juge-commissaire pourra décider que la réserve sera augmentée, sauf aux syndics à se pourvoir contre cette décision devant le tribunal de commerce. (Co. 452, 568.)

568. Cette part sera mise en réserve et demeurera à la caisse des dépôts et consignations, jusqu'à l'expiration du délai déterminé par le dernier paragraphe de l'article 492; elle sera répartie entre les créanciers reconnus, si les créanciers domiciliés en pays étranger n'ont pas fait vérifier leurs créances, conformément aux dispositions de la présente loi. (Co. 492, 493, 497.)

Une pareille réserve sera faite pour raison de créances sur l'admission desquelles il n'aurait pas été statué définitivement.

569 [1]. Nul paiement ne sera fait par les syndics que sur la représentation du titre constitutif de la créance.

Les syndics mentionneront sur le titre la somme payée par eux ou ordonnancée conformément à l'article 489.

Néanmoins, en cas d'impossibilité de représenter le titre, le juge-commissaire pourra autoriser le paiement sur le vu du procès-verbal de vérification. (Co. 452.)

[2] Dans tous les cas, le créancier donnera la quittance en marge de l'état de répartition.

570 [3]. L'union pourra se faire autoriser par le tribunal de commerce, le failli dûment appelé, à traiter à forfait de tout ou partie des droits et actions dont le recouvrement n'aurait pas été opéré, et à les aliéner; en ce cas, les syndics feront tous les actes nécessaires.

Tout créancier pourra s'adresser au juge-commissaire pour provoquer une délibération de l'union à cet égard. (Co. 487, 535.)

CHAPITRE IX.

DE LA VENTE DES IMMEUBLES DU FAILLI.

571. A partir du jugement qui déclarera la faillite, les créanciers ne pourront poursuivre l'expropriation des immeubles sur lesquels ils n'auront pas d'hypothèques. (Co. 440, 443, 527, 572.)

[1] 561. — [2] 531. — [3] 563.

572 [1]. S'il n'y a pas de poursuite en expropriation des immeubles commencée avant l'époque de l'union, les syndics seuls seront admis à poursuivre la vente ; ils seront tenus d'y procéder dans la huitaine sous l'autorisation du juge-commissaire, suivant les formes prescrites pour la vente des biens des mineurs. (**Co.** 527, 534.— **Pr.** 958 s.)

573 [2]. La surenchère, après adjudication des immeubles du failli sur la poursuite des syndics, n'aura lieu qu'aux conditions et dans les formes suivantes :

La surenchère devra être faite dans la quinzaine.

Elle ne pourra être au-dessous du dixième du prix principal de l'adjudication. Elle sera faite au greffe du tribunal civil, suivant les formes prescrites par les articles 710 et 711 du Code de procédure civile ; toute personne sera admise à surenchérir.

Toute personne sera également admise à concourir à l'adjudication par suite de surenchère. Cette adjudication demeurera définitive et ne pourra être suivie d'aucune autre surenchère. (**C.** 2185. — **Pr.** 710, 711.)

CHAPITRE X.

DE LA REVENDICATION.

574 [3]. Pourront être revendiquées, en cas de faillite, les remises en effets de commerce ou autres titres non encore payés, et qui se trouveront en nature dans le portefeuille du failli à l'époque de sa faillite, lorsque ces remises auront été faites par le propriétaire, avec le simple mandat d'en faire le recouvrement et d'en garder la valeur à sa disposition, ou lorsqu'elles auront été, de sa part, spécialement affectées à des paiemens déterminés.

575 [4]. Pourront être également revendiquées, aussi long-temps qu'elles existeront en nature, en tout ou en partie, les marchandises consignées au failli à titre de dépôt, ou pour être vendues pour le compte du propriétaire.

Pourra même être revendiqué le prix ou la partie du prix desdites marchandises qui n'aura été ni payé, ni réglé en valeur, ni compensé en compte courant entre le failli et l'acheteur.

576 [5]. Pourront être revendiquées les marchandises expédiées au failli, tant que la tradition n'en aura point été effectuée dans ses magasins, ou dans ceux du commissionnaire chargé de les vendre pour le compte du failli. (**Co.** 93.— **C.** 2102, *n°* 4.)

[6] Néanmoins, la revendication ne sera pas recevable si, avant leur arrivée, les marchandises ont été vendues sans fraude, sur factures et connaissemens, ou lettres de voiture signées par l'expéditeur.

[1] 564.— [2] 565.— [3] 583.— [4] 581.— [5] 577.— [6] 578.

[1] Le revendiquant sera tenu de rembourser à la masse les à-comptes par lui reçus, ainsi que toutes avances faites pour fret ou voiture, commission, assurances, ou autres frais, et de payer les sommes qui seraient dues pour mêmes causes. (Co. 578.—Pr. 826.)

577. Pourront être retenues par le vendeur les marchandises, par lui vendues, qui ne seront pas délivrées au failli, ou qui n'auront pas encore été expédiées, soit à lui, soit à un tiers pour son compte. (Co. 576, 578.)

578 [2]. Dans le cas prévu par les deux articles précédens, et sous l'autorisation du juge-commissaire, les syndics auront la faculté d'exiger la livraison des marchandises, en payant au vendeur le prix convenu entre lui et le failli.

579 [3]. Les syndics pourront, avec l'approbation du juge-commissaire, admettre les demandes en revendication : s'il y a contestation, le tribunal prononcera après avoir entendu le juge-commissaire. (Co. 452, 635.)

CHAPITRE XI.

DES VOIES DE RECOURS CONTRE LES JUGEMENS RENDUS EN MATIÈRE DE FAILLITE.

580 [4]. Le jugement déclaratif de la faillite, et celui qui fixera à une date antérieure l'époque de la cessation de paiemens, seront susceptibles d'opposition de la part du failli, dans la huitaine, et de la part de toute autre partie intéressée, pendant un mois. Ces délais courront à partir des jours où les formalités de l'affiche et de l'insertion, énoncées dans l'article 442, auront été accomplies. (Co. 440, 441.)

581. Aucune demande des créanciers tendant à faire fixer la date de la cessation des paiemens à une époque autre que celle qui résulterait du jugement déclaratif de faillite ou d'un jugement postérieur, ne sera recevable après l'expiration des délais pour la vérification et l'affirmation des créances. Ces délais expirés, l'époque de la cessation de paiemens demeurera irrévocablement déterminée à l'égard des créanciers. (Co. 492, 493, 497.)

582. Le délai d'appel, pour tout jugement rendu en matière de faillite, sera de quinze jours seulement à compter de la signification. (Pr. 443.)

Ce délai sera augmenté à raison d'un jour par cinq myriamètres pour les parties qui seront domiciliées à une distance excédant cinq myriamètres du lieu où siége le tribunal. (Co. 448, 492.)

583. Ne seront susceptibles ni d'opposition, ni d'appel, ni de recours en cassation :

[1] 579. — [2] 582. — [3] 585. — [4] 457.

1° Les jugemens relatifs à la nomination ou au remplacement du juge-commissaire, à la nomination ou à la révocation des syndics; (**Co.** *Jug. commiss.*, 451, 454, 522; *Syndics*, 462, 464, 467, 522.)

2° Les jugemens qui statuent sur les demandes de sauf-conduit et sur celles de secours pour le failli et sa famille; (**Co.** 472, 474, 530.)

3° Les jugemens qui autorisent à vendre les effets ou marchandises appartenant à la faillite; (**Co.** 470, 486.)

4° Les jugemens qui prononcent sursis au concordat, ou admission provisionnelle de créanciers contestés; (**Co.** 499, 500, 510.)

5° Les jugemens par lesquels le tribunal de commerce statue sur les recours formés contre les ordonnances rendues par le juge-commissaire dans les limites de ses attributions. (**Co.** 453, 466, 474, 567, 530.)

TITRE DEUXIÈME.

DES BANQUEROUTES.

CHAPITRE PREMIER.

DE LA BANQUEROUTE SIMPLE.

584 [1]. Les cas de banqueroute simple seront punis des peines portées au Code pénal, et jugés par les tribunaux de police correctionnelle, sur la poursuite des syndics, de tout créancier, ou du ministère public. (**P.** 402. — **Co.** *Agent de ch., courtier*, 89. — **P.** 404. — **I. Cr.** 179; *Réhabilit.*, 612; *Poursuite*, 589.)

585 [2]. Sera déclaré banqueroutier simple tout commerçant failli qui se trouvera dans un des cas suivans :

1° Si ses dépenses personnelles ou les dépenses de sa maison sont jugées excessives;

2° S'il a consommé de fortes sommes, soit à des opérations de pur hasard, soit à des opérations fictives de bourse ou sur marchandises;

3° Si, dans l'intention de retarder sa faillite, il a fait des achats pour revendre au-dessous du cours; si, dans la même intention, il s'est livré à des emprunts, circulation d'effets, ou autres moyens ruineux de se procurer des fonds;

4° Si, après cessation de ses paiemens, il a payé un créancier au préjudice de la masse. (**Co.** 586, 597; *Agent de ch., courtier*, 89.)

[1] 588. — [2] 586.

586 [1]. Pourra être déclaré banqueroutier simple tout commerçant failli qui se trouvera dans un des cas suivans :

1° S'il a contracté, pour le compte d'autrui, sans recevoir des valeurs en échange, des engagemens jugés trop considérables eu égard à sa situation lorsqu'il les a contractés ;

2° S'il est de nouveau déclaré en faillite sans avoir satisfait aux obligations d'un précédent concordat ; (Co. 520.)

3° Si, étant marié sous le régime dotal, ou séparé de biens, il ne s'est pas conformé aux articles 69 et 70 ;

4° Si, dans les trois jours de la cessation de ses paiemens, il n'a pas fait au greffe la déclaration exigée par les articles 438 et 439, ou si cette déclaration ne contient pas les noms de tous les associés solidaires ;

5° Si, sans empêchement légitime, il ne s'est pas présenté en personne aux syndics dans les cas et dans les délais fixés, ou si, après avoir obtenu un sauf-conduit, il ne s'est pas représenté à justice ; (Co. 472, 475, 505.)

6° S'il n'a pas tenu de livres et fait exactement inventaire ; si ses livres ou inventaires sont incomplets ou irrégulièrement tenus, ou s'ils n'offrent pas sa véritable situation active ou passive, sans néanmoins qu'il y ait fraude. (Co. 8, 9.)

587 [2]. Les frais de poursuite en banqueroute simple intentée par le ministère public ne pourront, en aucun cas, être mis à la charge de la masse.

En cas de concordat, le recours du Trésor public contre le failli pour ces frais ne pourra être exercé qu'après l'expiration des termes accordés par ce traité. (Co. *Avances*, 461 ; *Banq. fraud.*, 592. — I. Cr. 194.)

588 [3]. Les frais de poursuite intentée par les syndics, au nom des créanciers, seront supportés, s'il y a acquittement, par la masse, et s'il y a condamnation, par le Trésor public, sauf son recours contre le failli, conformément à l'article précédent. (Co. 590. — I. Cr. 194.)

589. Les syndics ne pourront intenter de poursuite en banqueroute simple, ni se porter partie civile au nom de la masse, qu'après y avoir été autorisés par une délibération prise à la majorité individuelle des créanciers présens. (Co. 584.)

590 [4]. Les frais de poursuite intentée par un créancier seront supportés, s'il y a condamnation, par le Trésor public, s'il y a acquittement, par le créancier poursuivant. (Co. 588. — I. Cr. 194.)

[1] 587, — [2] 589-590. — [3] 590. — [4] 590.

CHAPITRE II.

DE LA BANQUEROUTE FRAUDULEUSE

591[1]. Sera déclaré banqueroutier frauduleux, et puni des peines portées au Code pénal, tout commerçant failli qui aura soustrait ses livres, détourné ou dissimulé une partie de son actif, ou qui, soit dans ses écritures, soit par des actes publics ou des engagemens sous signature privée, soit par son bilan, se sera frauduleusement reconnu débiteur de sommes qu'il ne devait pas. (**P.** *peines*, 402, 404. — **Co.** *Agent de ch.*, 89.)

592. Les frais de poursuite en banqueroute frauduleuse ne pourront, en aucun cas, être mis à la charge de la masse. (**Co.** *Avances*, 461 ; *Banq. simp.*, 587.)

Si un ou plusieurs créanciers se sont rendus parties civiles en leur nom personnel, les frais, en cas d'acquittement, demeureront à leur charge. (**Co.** 588, 590. — **I. Cr.** 194.)

CHAPITRE III.

DES CRIMES ET DES DÉLITS COMMIS DANS LES FAILLITES PAR D'AUTRES QUE PAR LES FAILLIS.

593[2]. Seront condamnés aux peines de la banqueroute frauduleuse :

1° Les individus convaincus d'avoir, dans l'intérêt du failli, soustrait, recélé ou dissimulé tout ou partie de ses biens, meubles ou immeubles; le tout sans préjudice des autres cas prévus par l'article 60 du Code pénal;

2° Les individus convaincus d'avoir frauduleusement présenté dans la faillite et affirmé, soit en leur nom, soit par interposition de personnes, des créances supposées;

3° Les individus qui, faisant le commerce sous le nom d'autrui ou sous un nom supposé, se seront rendus coupables de faits prévus en l'article 591. (**P.** *Complicité*, 60, 403. — **Co.** 594.)

594[3]. Le conjoint, les descendans ou les ascendans du failli, ou ses alliés aux mêmes degrés, qui auraient détourné, diverti ou recélé des effets appartenant à la faillite, sans avoir agi de complicité avec le failli, seront punis des peines du vol. (**P.** *Peines*, 400, 401.)

595. Dans les cas prévus par les articles précédens, la cour ou le tribunal saisis statueront, lors même qu'il y aurait acquittement: 1° d'office sur la réintégration à la masse des créanciers de tous biens, droits ou actions frauduleusement soustraits; 2° sur les dommages-intérêts qui seraient demandés, et que le jugement ou l'arrêt arbitrera. (**C.** *Domm. intér.*, 1382. — **Co.** *Compét.*, 601, 635.)

[1] 593. — [2] 597. — [3] 555.

596. Tout syndic qui se sera rendu coupable de malversation dans sa gestion sera puni correctionnellement des peines portées en l'article 406 du Code pénal. (P. 40, 42, 52, 406, 463. — Co. 497.)

597. Le créancier qui aura stipulé, soit avec le failli, soit avec toutes autres personnes, des avantages particuliers à raison de son vote dans les délibérations de la faillite, ou qui aura fait un traité particulier duquel résulterait en sa faveur un avantage à la charge de l'actif du failli, sera puni correctionnellement d'un emprisonnement qui ne pourra excéder une année, et d'une amende qui ne pourra être au-dessus de 2,000 fr.

L'emprisonnement pourra être porté à deux ans si le créancier est syndic de la faillite. (Co. 496.)

598. Les conventions seront, en outre, déclarées nulles à l'égard de toutes personnes, et même à l'égard du failli.

Le créancier sera tenu de rapporter à qui de droit les sommes ou valeurs qu'il aura reçues en vertu des conventions annulées.

599. Dans le cas où l'annulation des conventions serait poursuivie par la voie civile, l'action sera portée devant les tribunaux de commerce. (Co. *Compét.*, 635.)

600 [1]. Tous arrêts et jugemens de condamnation rendus, tant en en vertu du présent chapitre que des deux chapitres précédens, seront affichés et publiés suivant les formes établies par l'article 42 du Code de commerce, aux frais des condamnés. (Co. *Affiches*, 442.)

CHAPITRE IV.

DE L'ADMINISTRATION DES BIENS EN CAS DE BANQUEROUTE.

601 [2]. Dans tous les cas de poursuite et de condamnation pour banqueroute simple ou frauduleuse, les actions civiles autres que celles dont il est parlé dans l'article 595 resteront séparées, et toutes les dispositions relatives aux biens, prescrites pour la faillite, seront exécutées sans qu'elles puissent être attribuées ni évoquées aux tribunaux de police correctionnelle, ni aux cours d'assises. (Co. *Compét.*, 601, 635.)

602 [3]. Seront cependant tenus, les syndics de la faillite, de remettre au ministère public les pièces, titres, papiers et renseignemens qui leur seront demandés. (Co. 483, 603.)

603 [4]. Les pièces, titres et papiers délivrés par les syndics seront, pendant le cours de l'instruction, tenus en état de communication par la voie du greffe; cette communication aura lieu sur la réquisition des syndics, qui pourront y prendre des extraits privés, ou

[1] 592-599. — [2] 600. — [3] 601. — [4] 602.

en requérir d'authentiques, qui leur seront expédiés par le greffier. (Pr. *Communicat.*, 106, 189.)

[1] Les pièces, titres et papiers dont le dépôt judiciaire n'aurait pas été ordonné seront, après l'arrêt ou le jugement, remis aux syndics, qui en donneront décharge. (Co. 602.)

TITRE TROISIÈME.

DE LA RÉHABILITATION.[2]

604[3]. Le failli qui aura intégralement acquitté en principal, intérêts et frais, toutes les sommes par lui dues, pourra obtenir sa réhabilitation. (Co. *Opposition*, 608; *Rejet*, 610.)

Il ne pourra l'obtenir, s'il est l'associé d'une maison de commerce tombée en faillite, qu'après avoir justifié que toutes les dettes de la société ont été intégralement acquittées en principal, intérêts et frais, lors même qu'un concordat particulier lui aurait été consenti. (Co. *Associé*, 531.)

605[4]. Toute demande en réhabilitation sera adressée à la cour royale dans le ressort de laquelle le failli sera domicilié. Le demandeur devra joindre à sa requête les quittances et autres pièces justificatives. (Co. *Admiss., rejet*, 610. — I. Cr. *Réhabilit.*, 619 s.)

606[5]. Le procureur général près la cour royale, sur la communication qui lui aura été faite de la requête, en adressera des expéditions certifiées de lui au procureur du Roi et au président du tribunal de commerce du domicile du demandeur, et si celui-ci a changé de domicile depuis la faillite, au procureur du Roi et au président du tribunal de commerce de l'arrondissement où elle a eu lieu, en les chargeant de recueillir tous les renseignemens qu'ils pourront se procurer sur la vérité des faits exposés. (Co. 609, 611.)

607[6]. A cet effet, à la diligence tant du procureur du Roi que du président du tribunal de commerce, copie de la dite requête restera affichée pendant un délai de deux mois, tant dans les salles d'audience de chaque tribunal qu'à la bourse et à la maison commune, et sera insérée par extrait dans les papiers publics. (Co. 605, 609.)

608[7]. Tout créancier qui n'aura pas été payé intégralement de sa créance en principal, intérêts et frais, et toute autre partie intéressée, pourra, pendant la durée de l'affiche, former opposition à la réhabilitation par simple acte au greffe, appuyé des pièces justifica-

[1] 603. — [2] Les dispositions de ce titre sont applicables aux faillites ouvertes antérieurement à la promulgation de la présente loi. — [3] 605. — [4] 604-605. — [5] 606. — [6] 607. — [7] 603.

tives. Le créancier opposant ne pourra jamais être partie dans la procédure de réhabilitation. (Co. 604, 610.)

609[1]. Après l'expiration de deux mois, le procureur du Roi et le président du tribunal de commerce transmettront, chacun séparément, au procureur général près la cour royale, les renseignemens qu'ils auront recueillis et les oppositions qui auront pu être formées. Ils y joindront leurs avis sur la demande. (Co. 606, 608.)

610[2]. Le procureur général près la cour royale fera rendre arrêt portant admission ou rejet de la demande en réhabilitation. Si la demande est rejetée, elle ne pourra être reproduite qu'après une année d'intervalle. (Co. 604, 611.)

611[3]. L'arrêt portant réhabilitation sera transmis aux procureurs du Roi et aux présidens des tribunaux auxquels la demande aura été adressée. Ces tribunaux en feront faire la lecture publique et la transcription sur leurs registres.

612[4]. Ne seront point admis à la réhabilitation les banqueroutiers frauduleux, les personnes condamnées pour vol, escroquerie ou abus de confiance, les stellionataires, ni les tuteurs, administrateurs ou autres comptables qui n'auront pas rendu et soldé leurs comptes. (Co. 591. — C. 2059. — P. 379, 405.)

[5] Pourra être admis à la réhabilitation le banqueroutier simple qui aura subi la peine à laquelle il aura été condamné. (Co. 585, 586.)

613[6]. Nul commerçant failli ne pourra se présenter à la bourse, à moins qu'il n'ait obtenu sa réhabilitation. (Co. 71, 604, 611.)

614. Le failli pourra être réhabilité après sa mort. (Co. 437 § 2.)

LIVRE QUATRIÈME.

DE LA JURIDICTION COMMERCIALE.[7]

(Loi décrétée le 14 septembre 1807. Promulguée le 24.)

TITRE PREMIER.

DE L'ORGANISATION DES TRIBUNAUX DE COMMERCE.

615. Un règlement d'administration publique déterminera le

[1] 609. — [2] 610. — [3] 611. — [4] 612. — [5] 613. — [6] 614.

[7] V. *Avis du C. d'État et Décret* 20 février 1810, contenant nouvelle rédaction du décret du 11 juin 1809, portant règlement sur les conseils de prud'hommes.

nombre des tribunaux de commerce, et les villes qui seront susceptibles d'en recevoir par l'étendue de leur commerce et de leur industrie. (Co. 640, 641.)[1]

616. L'arrondissement de chaque tribunal de commerce sera le même que celui du tribunal civil dans le ressort duquel il sera placé ; et s'il se trouve plusieurs tribunaux de commerce dans le ressort d'un seul tribunal civil, il leur sera assigné des arrondissemens particuliers.

617. Chaque tribunal de commerce sera composé d'un juge-président, de juges et de suppléans. Le nombre des juges ne pourra pas être au-dessous de deux, ni au-dessus de huit, non compris le président. Le nombre des suppléans sera proportionné au besoin du service. Le règlement d'administration publique fixera, pour chaque tribunal, le nombre des juges et celui des suppléans.

618. Les membres des tribunaux de commerce seront élus dans une assemblée composée de commerçans notables, et principalement des chefs des maisons les plus anciennes et les plus recommandables par la probité, l'esprit d'ordre et d'économie. (Co. 1 s.)

619. La liste des notables sera dressée, sur tous les commerçans de l'arrondissement, par le préfet, et approuvée par le ministre de l'intérieur : leur nombre ne peut être au-dessous de vingt-cinq dans les villes où la population n'excède pas quinze mille ames; dans les autres villes, il doit être augmenté à raison d'un électeur pour mille ames de population.

620. Tout commerçant pourra être nommé juge ou suppléant,

[1] *Décret* 6 octobre 1809, concernant l'organisation des Tribunaux de commerce.

Vu les articles 615, 616, et 617 du Code de commerce, etc.

Art. 1er. Il y aura un tribunal de commerce dans chacune des villes designées dans le tableau annexé à notre présent décret.

2. Ces tribunaux seront composés du nombre de juges et de suppléans fixé par le même tableau.

3. Dans les ressorts des tribunaux civils où il se trouve plusieurs tribunaux de commerce, l'arrondissement de chacun d'eux sera composé des cantons désignés au tableau mentionné dans les articles précédens.

4. Lorsque par des récusations ou des empêchemens il ne restera pas dans les tribunaux de commerce un nombre suffisant de juges ou de suppléans, ces tribunaux seront complétés par des négocians pris sur la liste formée en vertu de l'article 619 du Code de commerce, et suivant l'ordre dans lequel ils y sont portés, s'ils ont d'ailleurs les qualités énoncées en l'article 620 de la meme loi.

5. Le tribunal de commerce de Paris sera divisé en deux sections, et aura quatre huissiers.

6. Les autres tribunaux de commerce n'auront que deux huissiers.

Les huissiers seront, autant que faire se pourra, choisis parmi ceux déjà nommes par nous.

7. Les procès-verbaux d'élection des membres des tribunaux de commerce seront transmis à notre grand-juge ministre de la justice, qui nous proposera l'institution des elus, lesquels ne seront admis à prêter serment qu'après avoir été par nous institués.

8. Les membres des tribunaux de commerce porteront dans l'exercice de leurs fonctions, et dans les cérémonies publiques, la robe de soie noire avec des paremens de velours.

9. Notre grand-juge ministre de la justice est chargé de l'exécution du présent décret.

V. le *Décret* 18 novembre 1810 sur les rectifications à faire dans le tableau des tribunaux de commerce joint au decret du 6 octob.

s'il est âgé de trente ans, s'il exerce le commerce avec honneur et distinction depuis cinq ans. Le président devra être âgé de quarante ans, et ne pourra être choisi que parmi les anciens juges, y compris ceux qui ont exercé dans les tribunaux actuels, et même les anciens juges-consuls des marchands. (Co. 1 s.) [1]

621. L'élection sera faite au scrutin individuel, à la pluralité absolue des suffrages; et lorsqu'il s'agira d'élire le président, l'objet spécial de cette élection sera annoncé avant d'aller au scrutin.

622. A la première élection, le président et la moitié des juges et des suppléans dont le tribunal sera composé, seront nommés pour deux ans : la seconde moitié des juges et des suppléans sera nommée pour un an : aux élections postérieures, toutes les nominations seront faites pour deux ans.

623. Le président et les juges ne pourront rester plus de deux ans en place, ni être réélus qu'après un an d'intervalle.

624. Il y aura près de chaque tribunal un greffier et des huissiers nommés par le Roi : leurs droits, vacations et devoirs, seront fixés par un règlement d'administration publique.

625. Il sera établi, pour la ville de Paris seulement, des gardes du commerce pour l'exécution des jugemens emportant la contrainte par corps : la forme de leur organisation et leurs attributions seront déterminées par un règlement particulier. [2]

626. Les jugemens, dans les tribunaux de commerce, seront rendus par trois juges au moins; aucun suppléant ne pourra être appelé que pour compléter ce nombre.

627. Le ministère des avoués est interdit dans les tribunaux de commerce, conformément à l'article 414 du Code de procédure civile; nul ne pourra plaider pour une partie devant ces tribunaux, si la partie, présente à l'audience, ne l'autorise, ou s'il n'est muni d'un pouvoir spécial. Ce pouvoir, qui pourra être donné au bas de l'original ou de la copie de l'assignation, sera exhibé au greffier avant l'appel de la cause, et par lui visé sans frais.

628. Les fonctions des juges de commerce sont seulement honorifiques.

629. Ils prêtent serment avant d'entrer en fonctions, à l'audience de la cour royale, lorsqu'elle siége dans l'arrondissement communal où le tribunal de commerce est établi : dans le cas con-

[1] Les négocians retirés du commerce et non livrés actuellement à d'autres professions sont éligibles s'ils ont exercé le temps prescrit, et s'ils remplissent les autres conditions. *Av. du C.*, 2 fevrier 1808. — Les juges de commerce n'ont ni territoire ni juridiction, leur attribution est personnelle. *Av. du C.*, 28 prairial an VIII.

[2] V. *Décret* 14 mars 1808. Code de procéd., art. 781, et la *Loi* 17 avril 1832.

traire, la cour royale commet, si les juges de commerce le demandent, le tribunal civil de l'arrondissement pour recevoir leur serment; et, dans ce cas, le tribunal en dresse procès-verbal, et l'envoie à la cour royale, qui en ordonne l'insertion dans ses registres. Ces formalités sont remplies sur les conclusions du ministère public, et sans frais.

630. Les tribunaux de commerce sont dans les attributions et sous la surveillance du ministre de la justice.

TITRE DEUXIÈME.

DE LA COMPÉTENCE DES TRIBUNAUX DE COMMERCE.

631. Les tribunaux de commerce connaîtront,

1° De toutes contestations relatives aux engagemens et transactions entre négocians, marchands et banquiers;

2° Entre toutes personnes, des contestations relatives aux actes de commerce. (Co. 1 s., 437. — Pr. 414 s.) [1]

632. La loi répute actes de commerce,

Tout achat de denrées et marchandises pour les revendre, soit en nature, soit après les avoir travaillées et mises en œuvre, ou même pour en louer simplement l'usage;

Toute entreprise de manufactures, de commission, de transport par terre ou par eau;

Toute entreprise de fournitures, d'agences, bureaux d'affaires, établissemens de ventes à l'encan, de spectacles publics;

Toute opération de change, banque et courtage;

Toutes les opérations des banques publiques;

Toutes obligations entre négocians, marchands et banquiers;

Entre toutes personnes, les lettres de change, ou remises d'argent faites de place en place. (Co. 2, 3, 636 s., 638.)

633. La loi répute pareillement actes de commerce,

Toute entreprise de construction, et tous achats, ventes et reventes de bâtimens pour la navigation intérieure et extérieure;

Toutes expéditions maritimes;

Tout achat ou vente d'agrès, apparaux et avitaillemens;

Tout affrétement ou nolissement, emprunt ou prêt à la grosse;

[1] « Le Conseil d'État connaît de toutes contestations ou demandes relatives soit aux « marchés passés avec nos ministres, avec « l'intendant de notre maison, ou en leur nom, « soit aux travaux ou fournitures faites pour « le service de leurs départemens respectifs, « pour notre service personnel ou celui de « nos maisons. » (*Décret* 11 juin 1806, *art.* 14.)

toutes assurances et autres contrats concernant le commerce de mer;

Tous accords et conventions pour salaires et loyers d'équipages;

Tous engagemens de gens de mer, pour le service de bâtimens de commerce. (Co. 190 s., 195, 221 s., 250 s., 273 s., 286 s., 311 s., 332 s.)

634. Les tribunaux de commerce connaîtront également,

1° Des actions contre les facteurs, commis des marchands ou leurs serviteurs, pour le fait seulement du trafic du marchand auquel ils sont attachés;

2° Des billets faits par les receveurs, payeurs, percepteurs ou autres comptables des deniers publics. (Co. 636 s.)

635 [1]. (*Ainsi modifié : Loi* 28 *mai* 1838.) Les tribunaux de commerce connaîtront de tout ce qui concerne les faillites, conformément à ce qui est prescrit au Livre troisième du présent Code. (Co. *Compét.*, 519, 521, 551, 579, 599, 601, 613; *Réhabilit.*, 605.)

636. Lorsque les lettres de change ne seront réputées que simples promesses aux termes de l'article 112, ou lorsque les billets à ordre ne porteront que des signatures d'individus non négocians, et n'auront pas pour occasion des opérations de commerce, trafic, change, banque ou courtage, le tribunal de commerce sera tenu de renvoyer au tribunal civil, s'il en est requis par le défendeur. (Co. 1 s., 112, 187, 632 s., 634, 637.)

637. Lorsque ces lettres de change et ces billets à ordre porteront en même temps des signatures d'individus négocians et d'individus non négocians, le tribunal de commerce en connaîtra; mais il ne pourra prononcer la contrainte par corps contre les individus non négocians, à moins qu'ils ne se soient engagés à l'occasion d'opérations de commerce, trafic, change, banque ou courtage. (Co. 1 s., 632 s., 634.)

638. Ne seront point de la compétence des tribunaux de commerce, les actions intentées contre un propriétaire, cultivateur ou vigneron, pour vente de denrées provenant de son cru, les actions intentées contre un commerçant, pour paiement de denrées et marchandises achetées pour son usage particulier.

Néanmoins les billets souscrits par un commerçant seront censés

[1] Ancien art. 635 *modifié*, *Loi* 28 *mai* :

Ils connaîtront enfin,

1° Du dépôt du bilan et des registres du commerçant en faillite, de l'affirmation et de la vérification des créances;

2° Des oppositions au concordat, lorsque les moyens de l'opposant seront fondés sur des actes ou opérations dont la connaissance est attribuée par la loi aux juges des tribunaux de commerce;

Dans tous les autres cas, ces oppositions seront jugées par les tribunaux civils,

En conséquence, toute opposition au concordat contiendra les moyens de l'opposant, à peine de nullité;

3° De l'homologation du traité entre le failli et ses créanciers;

4° De la cession de biens faite par le failli, pour la partie qui en est attribuée aux tribunaux de commerce par l'article 901 du Code de procédure civile.

faits pour son commerce, et ceux des receveurs, payeurs, percepteurs ou autres comptables de deniers publics, seront censés faits pour leur gestion, lorsqu'une autre cause n'y sera point énoncée. (Co. 1 s., 632 s., 634, 636.)

639. Les tribunaux de commerce jugeront en dernier ressort,

1° Toutes les demandes dont le principal n'excèdera pas la valeur de mille francs;

2° Toutes celles où les parties justiciables de ces tribunaux, et usant de leurs droits, auront déclaré vouloir être jugées définitivement et sans appel. (Pr. 453.)

640. Dans les arrondissemens où il n'y aura pas de tribunaux de commerce, les juges du tribunal civil exerceront les fonctions et connaîtront des matières attribuées aux juges de commerce par la présente loi.

641. L'instruction, dans ce cas, aura lieu dans la même forme que devant les tribunaux de commerce, et les jugemens produiront les mêmes effets. (Pr. 414 s.)

TITRE TROISIÈME.

DE LA FORME DE PROCÉDER DEVANT LES TRIBUNAUX DE COMMERCE.

642. La forme de procéder devant les tribunaux de commerce sera suivie telle qu'elle a été réglée par le titre XXV du livre II de la Ire partie du Code de procédure civile. (Pr. 414 s.)

643. Néanmoins les articles 156, 158 et 159 du même Code, relatifs aux jugemens par défaut rendus par les tribunaux inférieurs, seront applicables aux jugemens par défaut rendus par les tribunaux de commerce.

644. Les appels des jugemens de tribunaux de commerce seront portés par-devant les cours dans le ressort desquelles ces tribunaux sont situés.

TITRE QUATRIÈME.

DE LA FORME DE PROCÉDER DEVANT LES COURS ROYALES.

645. Le délai pour interjeter appel des jugemens des tribunaux de commerce, sera de trois mois, à compter du jour de la signification du jugement, pour ceux qui auront été rendus contradictoirement, et du jour de l'expiration du délai de l'opposition, pour ceux qui auront été rendus par défaut : l'appel pourra être interjeté le jour même du jugement. (**Pr.** 414 **s.**, 420.)

646. L'appel ne sera pas reçu lorsque le principal n'excèdera pas la somme ou la valeur de mille francs, encore que le jugement n'énonce pas qu'il est rendu en dernier ressort, et même quand il énoncerait qu'il est rendu à la charge de l'appel. (**Co.** 639.)

647. Les cours royales ne pourront, en aucun cas, à peine de nullité, et même des dommages et intérêts des parties, s'il y a lieu, accorder des défenses ni surseoir à l'exécution des jugemens des tribunaux de commerce, quand même ils seraient attaqués d'incompétence; mais elles pourront, suivant l'exigence des cas, accorder la permission de citer extraordinairement à jour et heure fixes, pour plaider sur l'appel. (**Pr.** 460.)

648. Les appels des jugemens des tribunaux de commerce seront instruits et jugés dans les cours, comme appels de jugemens rendus en matière sommaire. La procédure, jusques et y compris l'arrêt définitif, sera conforme à celle qui est prescrite, pour les causes d'appel en matière civile, au livre III de la 1re partie du Code de procédure civile. (**Pr.** 443 **s.**, 463 **s.**)

FIN DU CODE DE COMMERCE.

TABLE

DES

MATIÈRES DU CODE DE COMMERCE.

LIVRE PREMIER.

DU COMMERCE EN GÉNÉRAL.

LIVRE DEUXIÈME.

DU COMMERCE MARITIME.

LIVRE TROISIÈME.

DES FAILLITES ET DES BANQUEROUTES.

LIVRE QUATRIÈME.

DE LA JURIDICTION COMMERCIALE.

FIN DE LA TABLE DES MATIÈRES.

APPENDICE.

APPENDICE

AU

CODE DE COMMERCE.

LIVRE TROISIÈME.

DES FAILLITES ET DES BANQUEROUTES.

(Loi décrétée le 12 septembre 1807. Promulguée le 22.)

Dispositions générales.

437. Tout commerçant qui cesse ses paiemens, est en état de faillite. (**Co.** 440 **s.**)

438. Tout commerçant failli qui se trouve dans l'un des cas de faute grave ou de fraude prévus par la présente loi, est en état de banqueroute. (**Co.** 586 **s.**)

439. Il y a deux espèces de banqueroutes :

La banqueroute simple ; elle sera jugée par les tribunaux correctionnels ; (**Co.** 586 **s.** — **P.** 402.)

La banqueroute frauduleuse ; elle sera jugée par les cours d'assises ; (**Co.** 593 **s.** — **P.** 402.)

TITRE Ier.

DE LA FAILLITE.

CHAPITRE Ier.

DE L'OUVERTURE DE LA FAILLITE.

440. Tout failli sera tenu, dans les trois jours de la cessation de paiemens, d'en faire la déclaration au greffe du tribunal de commerce ; le jour où il aura cessé ses paiemens sera compris dans ces trois jours.

En cas de faillite d'une société en nom collectif, la déclaration du failli contiendra le nom et l'indication du domicile de chacun des associés solidaires. (**Co.** 521 ; *Banqueroute simple*, 587.)

441. L'ouverture de la faillite est déclarée par le tribunal de commerce : son époque est fixée, soit par la retraite du débiteur, soit par la clôture de ses magasins, soit par la date de tous actes constatant le refus d'acquitter ou de payer des engagemens de commerce.

Tous les actes ci-dessus mentionnés ne constateront néanmoins l'ouverture de la faillite que lorsqu'il y aura cessation de paiemens ou déclaration du failli. (**Co.** 437 ; *Scellés*, 449 ; *Agens de faill.*, 454.)

442. Le failli, à compter du jour de la faillite, est dessaisi, de plein droit, de l'administration de tous ses biens. (**Co.** 447 ; *Actions*, 494 ; *Secours*, 530.)

443. Nul ne peut acquérir privilége ni hypothèque sur les biens du failli, dans les dix jours qui précèdent l'ouverture de la faillite. (**C.** 2146.)

444. Tous actes translatifs de propriétés immobilières faits par le failli, à titre gratuit, dans les dix jours qui précèdent l'ouverture de la faillite, sont nuls et sans effet relativement à la masse des créanciers; tous actes du même genre, à titre onéreux, sont susceptibles d'être annulés, sur la demande des créanciers, s'ils paraissent aux juges porter des caractères de fraude. (**Co.** 445 **s.** — **C.** 1167.)

445. Tous actes ou engagemens pour faits de commerce, contractés par le débiteur dans les dix jours qui précèdent l'ouverture de la faillite, sont présumés frauduleux, quant au failli: ils sont nuls, lorsqu'il est prouvé qu'il y a fraude de la part des autres contractans. (**C.** 1167.)

446. Toutes sommes payées, dans les dix jours qui précèdent l'ouverture de la faillite, pour dettes commerciales non échues, sont rapportées.

447. Tous actes ou paiemens faits en fraude des créanciers, sont nuls. (**C.** 1167.)

448. L'ouverture de la faillite rend exigibles les dettes passives non échues: à l'égard des effets de commerce par lesquels le failli se trouvera être l'un des obligés, les autres obligés ne seront tenus que de donner caution pour le paiement, à l'échéance, s'ils n'aiment mieux payer immédiatement. (**Co.** 441. — **C.** 1188.)

CHAPITRE II.

DE L'APPOSITION DES SCELLÉS.

449. Dès que le tribunal de commerce aura connaissance de la faillite, soit par la déclaration du failli, soit par la requête de quelque créancier, soit par la notoriété publique, il ordonnera l'apposition des scellés: expédition du jugement sera sur-le-champ adressée au juge de paix. (**Co.** 441, 450 **s.**, 454 **s.** — **Pr.** 907 **s.**, 912 **s.** — **P.** 249.)

450. Le juge de paix pourra aussi apposer les scellés, sur la notoriété acquise. (**Co.** 454.)

451. Les scellés seront apposés sur les magasins, comptoirs, caisses, portefeuilles, livres, registres, papiers, meubles et effets du failli. (**Co.** *Livres*, 463.)

452. Si la faillite est faite par des associés réunis en société collective, les scellés seront apposés, non-seulement dans le principal manoir de la société, mais dans le domicile séparé de chacun des associés solidaires.

453. Dans tous les cas, le juge de paix adressera, sans délai, au tribunal de commerce, le procès-verbal de l'apposition des scellés.

CHAPITRE III.

DE LA NOMINATION DU JUGE-COMMISSAIRE ET DES AGENS DE LA FAILLITE.

454 Par le même jugement qui ordonnera l'apposition des scellés, le tribunal de commerce déclarera l'époque de l'ouverture de la faillite; il nommera un de ses membres commissaire de la faillite, et un ou plusieurs agens, suivant l'importance de la faillite, pour remplir, sous la surveillance du commissaire, les fonctions qui leur sont attribuées par la présente loi.

Dans le cas où les scellés auraient été apposés par le juge de paix, sur la notoriété acquise, le tribunal se conformera au surplus des dispositions ci-dessus prescrites, dès qu'il aura connaissance de la faillite. (**Co** 441, 449, 455 **s.**; *Fonctions*, 462, 494, 481; *Indemnité*, 483, 485; *Comptes*, 525.)

455. Le tribunal de commerce ordonnera, en même temps, ou le dépôt de la personne du failli dans la maison d'arrêt pour dettes, ou la garde de sa personne par un officier de police ou de justice, ou par un gendarme. [1]

Il ne pourra, en cet état, être reçu

[1] La garde du failli peut être confiée aux gardes du commerce à Paris. *Déc.* 1, mars 1808.

contre le failli d'écrou ou recommandation, en vertu d'aucun jugement du tribunal de commerce. (**Co.** *Mise en liberté*, 466 s.)

456. Les agens que nommera le tribunal, pourront être choisis parmi les créanciers présumés, ou tous autres, qui offriraient le plus de garantie pour la fidélité de leur gestion. Nul ne pourra être nommé agent deux fois dans le cours de la même année, à moins qu'il ne soit créancier. (**Co.** 459 s., 462 s.)

457. Le jugement sera affiché, et inséré par extrait dans les journaux, suivant le mode établi par l'art. 683 du Code de procédure civile.

Il sera exécutoire provisoirement, mais susceptible d'opposition; savoir : pour le failli, dans les huit jours qui suivront celui de l'affiche; pour les créanciers présens ou représentés, et pour tout autre intéressé, jusques et y compris le jour du procès-verbal constatant la vérification des créances; pour les créanciers en demeure, jusqu'à l'expiration du dernier délai qui leur aura été accordé.

458. Le juge-commissaire fera au tribunal de commerce le rapport de toutes les contestations que la faillite pourra faire naître et qui seront de la compétence de ce tribunal.

Il sera chargé spécialement d'accélérer la confection du bilan, la convocation des créanciers, et de surveiller la gestion de la faillite, soit pendant la durée de la gestion provisoire des agens, soit pendant celle de l'administration des syndics provisoires ou définitifs. (**Co.** *Fonctions*, 466, 474, 476 s., 495, 508.)

459. Les agens nommés par le tribunal de commerce géreront la faillite sous la surveillance du commissaire, jusqu'à la nomination des syndics : leur gestion provisoire ne pourra durer que quinze jours au plus, à moins que le tribunal ne trouve nécessaire de prolonger cette agence de quinze autres jours pour tout délai. (**Co.** 456 s., 462 s., 482, 494; *Actes conservat.*, 499 s.)

460. Les agens seront révocables par le tribunal qui les aura nommés. (**Co.** 456 s.)

461. Les agens ne pourront faire aucune fonction, avant d'avoir prêté serment, devant le commissaire, de bien et fidèlement s'acquitter des fonctions qui leur seront attribuées. (**Co.** 456 s.)

CHAPITRE IV.

DES FONCTIONS PRÉALABLES DES AGENS, ET DES PREMIÈRES DISPOSITIONS A L'ÉGARD DU FAILLI.

462. Si, après la nomination des agens et la prestation du serment, les scellés n'avaient point été apposés, les agens requerront le juge de paix de procéder à l'apposition. (**Co.** *Scellés*, 449 s.; *Serment*, 461.)

463. Les livres du failli seront extraits des scellés, et remis par le juge de paix aux agens, après avoir été arrêtés par lui : il constatera sommairement, par son procès-verbal, l'état dans lequel ils se trouveront.

Les effets du portefeuille qui seront à courte échéance ou susceptibles d'acceptation, seront aussi extraits des scellés par le juge de paix, décrits et remis aux agens pour en faire le recouvrement : le bordereau en sera remis au commissaire.

Les agens recevront les autres sommes dues au failli, et sur leurs quittances, qui devront être visées par le commissaire. Les lettres adressées au failli seront remises aux agens : ils les ouvriront, s'il est absent; s'il est présent, il assistera à leur ouverture. (**Co.** *Livres, leur clôture*, 468; *Désaisiss. du f.*, 442; *Recette*, 465; *Bilan*, 472; *Vente*, 492, 583 s.)

464. Les agens feront retirer et vendre les denrées et marchandises sujettes à dépérissement prochain, après avoir exposé leurs motifs au commissaire et obtenu son autorisation.

Les marchandises non dépérissables ne pourront être vendues par les agens qu'après la permission du tribunal de commerce, et sur le rapport du commissaire. (**Co.** 492.)

465. Toutes les sommes reçues par les agens seront versées dans une caisse à deux clés, dont il sera fait mention à l'article 496. (**Co.** 530.)

466. Après l'apposition des scellés, le commissaire rendra compte au tribunal de l'état apparent des affaires du failli, et pourra proposer ou sa mise en liberté pure et simple, avec sauf-conduit provisoire de sa personne, ou sa mise en liberté avec sauf-conduit, en fournissant caution de se représenter, sous peine de paiement d'une somme que le tribunal arbitrera, et qui tournera, le cas advenant, au profit des créanciers. (**Co.** 455, 468 s., 490.)

467. A défaut par le commissaire de proposer un sauf-conduit pour le failli, ce dernier pourra présenter sa demande au tribunal de commerce, qui statuera après avoir entendu le commissaire. (**Co.** 490.)

468. Si le failli a obtenu un sauf-conduit, les agens l'appelleront auprès d'eux, pour clore et arrêter les livres en sa présence.

Si le failli ne se rend pas à l'invitation, il sera sommé de comparaître.

Si le failli ne comparaît pas quarante-huit heures après la sommation, il sera réputé s'être absenté à dessein.

Le failli pourra néanmoins comparaître par fondé de pouvoir, s'il propose des empêchemens jugés valables par le commissaire. (**Co.** 490, 493, 516. — **Pr.** 782.)

469. Le failli qui n'aura pas obtenu de sauf-conduit, comparaîtra par un fondé de pouvoir; à défaut de quoi, il sera réputé s'être absenté à dessein. (**Co.** 466 s., 472.)

CHAPITRE V.

DU BILAN.

470. Le failli qui aura, avant la déclaration de sa faillite, préparé son bilan, ou état passif et actif de ses affaires, et qui l'aura gardé par devers lui, le remettra aux agens, dans les vingt-quatre heures de leur entrée en fonctions. (**Co.** 471 s., 528.)

471. Le bilan devra contenir l'énumération et l'évaluation de tous les effets mobiliers et immobiliers du débiteur, l'état des dettes actives et passives, le tableau des profits et des pertes, le tableau des dépenses; le bilan devra être certifié véritable, daté et signé par le débiteur.

472. Si, à l'époque de l'entrée en fonctions des agens, le failli n'avait pas préparé le bilan, il sera tenu, par lui ou par son fondé de pouvoir, suivant les cas prévus par les articles 468 et 469, de procéder à la rédaction du bilan, en présence des agens ou de la personne qu'ils auront préposée.

Les livres et papiers du failli lui seront, à cet effet, communiqués sans déplacement. (**Co.** 489.)

473. Dans tous les cas où le bilan n'aurait pas été rédigé, soit par le failli, soit par un fondé de pouvoir, les agens procéderont eux-mêmes à la formation du bilan, au moyen des livres et papiers du failli, et au moyen des informations et renseignemens qu'ils pourront se procurer auprès de la femme du failli, de ses enfans, de ses commis et autres employés.

474. Le juge-commissaire pourra aussi, soit d'office, soit sur la demande d'un ou de plusieurs créanciers, ou même de l'agent, interroger les individus désignés dans l'article précédent, à l'exception de la femme et des enfans du failli, tant sur ce qui concerne la formation du bilan, que sur les causes et les circonstances de sa faillite.

475. Si le failli vient à décéder après l'ouverture de sa faillite, sa veuve ou ses enfans pourront se présenter pour suppléer leur auteur dans la formation du bilan, et pour toutes les autres obligations imposées au failli par la présente loi; à leur défaut, les agens procéderont. (**Co.** 470 s., 487, 493, 516.)

CHAPITRE VI.

DES SYNDICS PROVISOIRES.

SECTION Ire.

De la Nomination des Syndics provisoires.

476. Dès que le bilan aura été remis par les agens au commissaire, celui-ci dressera, dans trois jours pour tout délai, la liste des créanciers, qui sera remise au tribunal de commerce, et il les fera convoquer par lettres, affiches, et insertions dans les journaux. (**Co.** 458; *Vérificat.*, 502.)

477. Même avant la confection du bilan, le commissaire délégué pourra convoquer les créanciers, suivant l'exigence des cas.

478. Les créanciers susdits se réuniront, en présence du commissaire, aux jour et lieu indiqués par lui.

479. Toute personne qui se présenterait comme créancier à cette assemblée, et dont le titre serait postérieurement reconnu supposé de concert entre elle et le failli, encourra les peines portées contre les complices de banqueroutiers frauduleux. (**Co.** 517. — **P.** 403.)

480. Les créanciers réunis présenteront au juge-commissaire une liste triple du nombre des syndics provisoires qu'ils estimeront devoir être nommés; sur cette liste, le tribunal de commerce nommera.

SECTION II.

De la Cessation des fonctions des Agens.

481. Dans les vingt-quatre heures qui suivront la nomination des syndics provisoires, les agens cesseront leurs fonctions, et rendront compte aux syndics, en présence du commissaire, de toutes leurs opérations et de l'état de la faillite. (**Co.** 483, 484 s., 488; *Syndics. définit.*, 527. — **Pr.** 527 s.)

482. Après ce compte rendu, les syndics continueront les opérations commencées par les agens, et seront chargés provisoirement de toute l'administration de la faillite, sous la surveillance du juge-commissaire. (**Co.** *Surveill.*, 458; *Actions act. et pass.*, 494; *Actes conserv.*, 499 s.)

SECTION III.

Des Indemnités pour les Agens.

483. Les agens, après la reddition de leur compte, auront droit à une indemnité, qui leur sera payée par les syndics provisoires. (**Co.** 485.)

484. Cette indemnité sera réglée selon les lieux et suivant la nature de la faillite, d'après les bases qui seront établies par un règlement d'administration publique.

485. Si les agens ont été pris parmi les créanciers, ils ne recevront aucune indemnité.

CHAPITRE VII.

DES OPÉRATIONS DES SYNDICS PROVISOIRES.

SECTION Ire.

De la Levée des Scellés, et de l'Inventaire.

486. Aussitôt après leur nomination, les syndics provisoires requerront la levée des scellés, et procéderont à l'inventaire des biens du failli. Ils seront libres de se faire aider, pour l'estimation, par qui ils jugeront convenable. Conformément à l'article 937 du Code de procédure civile, cet inventaire se fera par les syndics à mesure que les scellés seront levés, et le juge de paix y assistera et le signera à chaque vacation. (Co. 489.)

487. Le failli sera présent ou dûment appelé à la levée des scellés et aux opérations de l'inventaire. (Co. 468, 475.)

488. En toute faillite, les agens, syndics provisoires et définitifs, seront tenus de remettre, dans la huitaine de leur entrée en fonctions, au magistrat de sûreté [1] de l'arrondissement, un mémoire ou compte sommaire de l'état apparent de la faillite, de ses principales causes et circonstances, et des caractères qu'elle paraît avoir. (Co. 481.)

489. Le magistrat de sûreté pourra, s'il le juge convenable, se transporter au domicile du failli ou des faillis, assister à la rédaction du bilan, de l'inventaire et des autres actes de la faillite, se faire donner tous les renseignemens qui en résulteront, et faire en conséquence les actes ou poursuites nécessaires; le tout d'office et sans frais. (Co. 471 s., 486, 526, 595.)

490. S'il présume qu'il y a banqueroute simple ou frauduleuse, s'il y a mandat d'amener, de dépôt ou d'arrêt décerné contre le failli, il en donnera connaissance, sans délai, au juge-commissaire du tribunal de commerce; en ce cas, ce commissaire ne pourra proposer, ni le tribunal accorder de sauf-conduit au failli. (Co. 466, 468.)

[1] *Nota.* Les fonctions que la loi du 7 pluviôse an IX (27 janvier 1801) avait attribuées aux magistrats de sûreté, sont, d'après l'article 22 du Code d'instruction criminelle, remplies maintenant par les procureurs du roi.

SECTION II.

De la Vente des Marchandises et Meubles, et des Recouvremens.

491. L'inventaire terminé, les marchandises, l'argent, les titres actifs, meubles et effets du débiteur, seront remis aux syndics, qui s'en chargeront au pied dudit inventaire. (Co. 463.)

492. Les syndics pourront, sous l'autorisation du commissaire, procéder au recouvrement des dettes actives du failli.

Ils pourront aussi procéder à la vente de ses effets et marchandises, soit par la voie des enchères publiques, par l'entremise des courtiers et à la bourse, soit à l'amiable, à leur choix. (Co. 463 s., 583 s.) 1

493. Si le failli a obtenu un sauf-conduit, les syndics pourront l'employer pour faciliter et éclairer leur gestion; ils fixeront les conditions de son travail. (Co. 468, 475.)

494. A compter de l'entrée en fonctions des agens et ensuite des syndics, toute action civile intentée, avant la faillite, contre la personne et les biens mobiliers du failli, par un créancier privé, ne pourra être suivie que contre les agens et les syndics; et toute action qui serait intentée après la faillite, ne pourra l'être que contre les agens et les syndics. (Co. 442, 459, 482, 499 s.)

495. Si les créanciers ont quelque motif de se plaindre des opérations des syndics, ils en référeront au commissaire, qui statuera, s'il y a lieu, ou fera son rapport au tribunal de commerce. (Co. 458.)

496. Les deniers provenant des ventes et des recouvremens seront

[1] Les ventes de marchandises peuvent être faites à la Bourse par des courtiers, dans les formes prescrites. V. *Décrets* 22 novembre 1811, 17 avril 1812, 9 avril 1819.

versés, sous la déduction des dépenses et frais, dans une caisse à double serrure. Une des clés sera remise au plus âgé des agens ou syndics, et l'autre à celui d'entre les créanciers que le commissaire aura préposé à cet effet. (Co. 465, 527, 530.)

497. Toutes les semaines, le bordereau de situation de la caisse de la faillite sera remis au commissaire, qui pourra, sur la demande des syndics, et à raison des circonstances, ordonner le versement de tout ou partie des fonds à la caisse d'amortissement, ou entre les mains du délégué de cette caisse dans les départemens, à la charge de faire courir, au profit de la masse, les intérêts accordés aux sommes consignées à cette même caisse.

498. Le retirement des fonds versés à la caisse d'amortissement se fera en vertu d'une ordonnance du commissaire.

SECTION III.

Des Actes conservatoires.

499. A compter de leur entrée en fonctions, les agens, et ensuite les syndics, seront tenus de faire tous actes pour la conservation des droits du failli sur ses débiteurs.

Ils seront aussi tenus de requérir l'inscription aux hypothèques sur les immeubles des débiteurs du failli, si elle n'a été requise par ce dernier, et s'il a des titres hypothécaires. L'inscription sera reçue au nom des agens et des syndics, qui joindront à leurs bordereaux un extrait des jugemens qui les auront nommés. (Co. 459, 482, 494.)

500. Ils seront tenus de prendre inscription, au nom de la masse des créanciers, sur les immeubles du failli, dont ils connaîtront l'existence. L'inscription sera reçue sur un simple bordereau énonçant qu'il y a faillite, et relatant la date du jugement par lequel ils auront été nommés. (C. 2146 s., 2154.)

SECTION IV.

De la Vérification des Créances.

501. La vérification des créances sera faite sans délai; le commissaire veillera à ce qu'il y soit procédé diligemment, à mesure que les créanciers se présenteront. (Co. 504 s., 511 s., 519.)

502. Tous les créanciers du failli seront avertis, à cet effet, par les papiers publics et par lettres des syndics, de se présenter, dans le délai de quarante jours, par eux ou par leurs fondés de pouvoir, aux syndics de la faillite; de leur déclarer à quel titre et pour quelle somme ils sont créanciers, et de leur remettre leurs titres de créance, ou de les déposer au greffe du tribunal de commerce. Il leur en sera donné récépissé. (Co. 476, 510 s.)[1]

503. La vérification des créances sera faite contradictoirement entre le créancier ou son fondé de pouvoir et les syndics, et en présence du juge-commissaire, qui en dressera procès-verbal. Cette opération aura lieu dans les quinze jours qui suivront le délai fixé par l'article précédent. (Co. 505 s.; *Fausses décl.*, 597.)

504. Tout créancier dont la créance aura été vérifiée et affirmée, pourra assister à la vérification des autres créances, et fournir tout contredit aux vérifications faites ou à faire. (Co. 506 s.)[2]

505. Le procès-verbal de vérification énoncera la représentation des titres de créance, le domicile des créanciers et de leurs fondés de pouvoir.

Il contiendra la description sommaire des titres, lesquels seront rapprochés des registres du failli.

[1] Le récépissé n'est pas susceptible d'enregistrement. *Décis. Min.*

[2] Les titres n'ont pas besoin d'être enregistrés pour etre soumis à la vérification. *Déc. M.*

Il mentionnera les surcharges, ratures et interlignes.

Il exprimera que le porteur est légitime créancier de la somme par lui réclamée.

Le commissaire pourra, suivant l'exigence des cas, demander aux créanciers la représentation de leurs registres, ou l'extrait fait par les juges de commerce du lieu, en vertu d'un compulsoire ; il pourra aussi, d'office, renvoyer devant le tribunal de commerce, qui statuera sur son rapport. (**Co.** 506, 508 **s.**)

506. Si la créance n'est pas contestée, les syndics signeront, sur chacun des titres, la déclaration suivante :

*Admis au passif de la faillite d*** pour la somme de....., le....* Le visa du commissaire sera mis au bas de la déclaration. (**Co.** 504, 508, 514 **s.**)

507. Chaque créancier, dans le délai de huitaine, après que sa créance aura été vérifiée, sera tenu d'affirmer, entre les mains du commissaire, que ladite créance est sincère et véritable. (**Co.** 511, 513 **s.**; *Fausses décl.*, 597.)

508. Si la créance est contestée en tout ou en partie, le juge-commissaire, sur la réquisition des syndics, pourra ordonner la représentation des titres du créancier, et le dépôt de ces titres au greffe du tribunal de commerce. Il pourra même, sans qu'il soit besoin de citation, renvoyer les parties, à bref délai, devant le tribunal de commerce, qui jugera sur son rapport. (**Co.** 458.)

509. Le tribunal de commerce pourra ordonner qu'il soit fait, devant le commissaire, enquête sur les faits, et que les personnes qui pourront fournir des renseignemens soient à cet effet citées par-devant lui. (**Pr.** 252 **s.**, 432. — **C.** 1353.)

510. A l'expiration des délais fixés pour les vérifications des créances, les syndics dresseront un procès-verbal contenant les noms de ceux des créanciers qui n'auront pas comparu. Le procès-verbal, clos par le commissaire, les établira en demeure.

511. Le tribunal de commerce, sur le rapport du commissaire, fixera, par jugement, un nouveau délai, pour la vérification.

Ce délai sera déterminé d'après la distance du domicile du créancier en demeure, de manière qu'il y ait un jour par chaque distance de trois myriamètres : à l'égard des créanciers résidant hors de France, on observera les délais prescrits par l'article 73 du Code de procédure civile.

512. Le jugement qui fixera le nouveau délai, sera notifié aux créanciers, au moyen des formalités voulues par l'article 683 du Code de procédure civile; l'accomplissement de ces formalités vaudra signification à l'égard des créanciers qui n'auront pas comparu, sans que, pour cela, la nomination des syndics définitifs soit retardée.

513. A défaut de comparution et affirmation dans le délai fixé par le jugement, les défaillans ne seront pas compris dans les répartitions à faire.

Toutefois la voie de l'opposition leur sera ouverte jusqu'à la dernière distribution des deniers inclusivement, mais sans que les défaillans, quand même ils seraient des créanciers inconnus, puissent rien prétendre aux répartitions consommées, qui, à leur égard, seront réputées irrévocables, et sur lesquelles ils seront entièrement déchus de la part qu'ils auraient pu prétendre. (**Pr.** 664, 756, 758.)

CHAPITRE VIII.

DES SYNDICS DÉFINITIFS ET DE LEURS FONCTIONS.

SECTION Ire.

De l'Assemblée des Créanciers dont les créances sont vérifiées et affirmées.

514. Dans les trois jours après

l'expiration des délais prescrits pour l'affirmation des créanciers connus, les créanciers dont les créances ont été admises, seront convoqués par les syndics provisoires. (**Co.** 506 s., 511 s.)

515. Aux lieu, jour et heure qui seront fixés par le commissaire, l'assemblée se formera sous sa présidence; il n'y sera admis que des créanciers reconnus, ou leurs fondés de pouvoir. (**Co.** 506 s., 511 s.)

516. Le failli sera appelé à cette assemblée : il devra s'y présenter en personne, s'il a obtenu un sauf-conduit; et il ne pourra s'y faire représenter que pour des motifs valables, et approuvés par le commissaire. (**Co.** 468 s., 475.)

517. Le commissaire vérifiera les pouvoirs de ceux qui s'y présenteront comme fondés de procuration; il fera rendre compte en sa présence, par les syndics provisoires, de l'état de la faillite, des formalités qui auront été remplies et des opérations qui auront eu lieu; le failli sera entendu. (**Co.** 475.)

518. Le commissaire tiendra procès-verbal de ce qui aura été dit et décidé dans cette assemblée.

SECTION II.

Du Concordat.

519. Il ne pourra être consenti de traité entre les créanciers délibérans et le débiteur failli, qu'après l'accomplissement des formalités ci-dessus prescrites.

Ce traité ne s'établira que par le concours d'un nombre de créanciers formant la majorité, et représentant, en outre par leurs titres de créances vérifiées, les trois quarts de la totalité des sommes dues, selon l'état des créances vérifiées et enregistrées, conformément à la section IV du chapitre VII; le tout à peine de nullité. (**Co.** 501 s., 522.)

520. Les créanciers hypothécaires inscrits et ceux nantis d'un gage n'auront point de voix dans les délibérations relatives au concordat. (**Co.** 524; *Gages*, 535 s.; *Droits hypoth.*, 539 s.)

521. Si l'examen des actes, livres et papiers du failli, donne quelque présomption de banqueroute, il ne pourra être fait aucun traité entre le failli et les créanciers, à peine de nullité : le commissaire veillera à l'exécution de la présente disposition. (**Co.** 490, 526, 586 s.)

522. Le concordat, s'il est consenti, sera, à peine de nullité, signé séance tenante : si la majorité des créanciers présens consent au concordat, mais ne forme pas les trois quarts en somme, la délibération sera remise à huitaine pour tout délai. (**Co.** 519.)

523. Les créanciers opposans au concordat seront tenus de faire signifier leurs oppositions aux syndics et au failli dans huitaine *pour tout délai.* (**Co.** *Compétence,* 635.)

524. Le traité sera homologué dans la huitaine du jugement sur les oppositions. L'homologation le rendra obligatoire pour tous les créanciers, et conservera l'hypothèque à chacun d'eux sur les immeubles du failli; à cet effet, les syndics seront tenus de faire inscrire aux hypothèques le jugement d'homologation, à moins qu'il n'y ait été dérogé par le concordat. (**Co.** 526, 539 s. — **C.** 2146.)

525. L'homologation étant signifiée aux syndics provisoires, ceux-ci rendront leur compte définitif au failli, en présence du commissaire; ce compte sera débattu et arrêté. En cas de contestation, le tribunal de commerce prononcera : les syndics remettront ensuite au failli l'universalité de ses biens, ses livres, papiers, effets.

Le failli donnera décharge; les fonctions du commissaire et des syndics cesseront, et il sera dressé du tout procès-verbal par le commissaire. (**Co.** 527. — **Pr.** 527 **s.**)

526. Le tribunal de commerce pourra, pour cause d'inconduite ou de fraude, refuser l'homologation du concordat; et, dans ce cas, le failli sera en prévention de banqueroute, et renvoyé, de droit, devant le magistrat de sûreté, [1] qui sera tenu de poursuivre d'office.

S'il accorde l'homologation, le tribunal déclarera le failli excusable, et susceptible d'être réhabilité aux conditions exprimées au titre ci-après *de la Réhabilitation.* (**Co.** 531, 586 **s.**, 604 **s.** — **I. Cr.** 29 **s.**)

SECTION III.

De l'Union des Créanciers.

527. S'il n'intervient point de traité, les créanciers assemblés formeront, à la majorité individulle des créanciers présens, un contrat d'union; ils nommeront un ou plusieurs syndics définitifs : les créanciers nommeront un caissier, chargé de recevoir les sommes provenant de toute espèce de recouvrement. Les syndics définitifs recevront le compte des syndics provisoires, ainsi qu'il a été dit pour le compte des agens à l'article 481. (**Co.** 465, 496, 563.)

528. Les syndics représenteront la masse des créanciers; ils procéderont à la vérification du bilan, s'il y a lieu.

Ils poursuivront, en vertu du contrat d'union, et sans autres titres authentiques, la vente des immeubles du failli, celle de ses marchandises et effets mobiliers, et la liquidation de ses dettes actives et passives; le tout sous la surveillance du commissaire, et sans qu'il soit besoin d'appeler le failli. (**Co.** *Bilan,* 470 **s.**; *Recouv., vente,* 492, 564 **s.**; *Poursuites,* 588 **s.**; *Administr.,* 600.)

[1] Maintenant le procureur du Roi.

529. Dans tous les cas, il sera, sous l'approbation du commissaire, remis au failli et à sa famille les vêtemens, hardes et meubles nécessaires à l'usage de leurs personnes. Cette remise se fera sur la proposition des syndics, qui en dresseront l'état. (**Co.** 554.)

530. S'il n'existe pas de présomption de banqueroute, le failli aura droit de demander, à titre de secours, une somme sur ses biens : les syndics en proposeront la quotité; et le tribunal, sur le rapport du commissaire, la fixera, en proportion des besoins et de l'étendue de la famille du failli, de sa bonne foi, et du plus ou moins de perte qu'il fera supporter à ses créanciers. (**Co.** *Désaisiss.,* 442; *Recouvrem.,* 465, 496.)

531. Toutes les fois qu'il y aura réunion de créanciers, le commissaire du tribunal de commerce lui rendra compte des circonstances. Le tribunal prononcera, sur son rapport, comme il est dit à la section II du présent chapitre, si le failli est ou non excusable, et susceptible d'être réhabilité.

En cas de refus du tribunal de commerce, le failli sera en prévention de banqueroute, et renvoyé, de droit devant le magistrat de sûreté, [1] comme il est dit à l'article 526. (**Co.** *Banqueroute,* 586 **s.**; *Réhabilitat.,* 604. — **I. Cr.** 29 **s.**)

CHAPITRE IX.

DES DIFFÉRENTES ESPÈCES DE CRÉANCIERS, ET DE LEURS DROITS EN CAS DE FAILLITE.

SECTION Ire.

Dispositions générales.

532. S'il n'y a pas d'action en expropriation des immeubles, formée avant la nomination des syndics définitifs, eux seuls seront admis à poursuivre la vente; ils seront tenus d'y pro-

[1] Maintenant le procureur du Roi.

céder dans huitaine, selon la forme qui sera indiquée ci-après. (**Co.** 564 **s.**)

533. Les syndics présenteront au commissaire l'état des créanciers se prétendant privilégiés sur les meubles; et le commissaire autorisera le paiement de ces créanciers sur les premiers deniers rentrés. S'il y a des créanciers contestant le privilége, le tribunal prononcera; les frais seront supportés par ceux dont la demande aura été rejetée, et ne seront pas au compte de la masse. (**C.** 2100 **s.**)

534. Le créancier porteur d'engagemens solidaires entre le failli et d'autres co-obligés qui sont en faillite, participera aux distributions dans toutes les masses, jusqu'à son parfait et entier paiement. (**Co.** 558 **s.**)

535. Les créanciers du failli qui seront valablement nantis par des gages, ne seront inscrits dans la masse que pour mémoire. (**Co.** 520, 536, 537.)

536. Les syndics seront autorisés à retirer les gages au profit de la faillite, en remboursant la dette.

537. Si les syndics ne retirent pas le gage, qu'il soit vendu par les créanciers, et que le prix excède la créance, le surplus sera recouvré par les syndics; si le prix est moindre que la créance, le créancier nanti viendra à contribution pour le surplus. (**Co.** 538 **s.**)

538. Les créanciers garantis par un cautionnement seront compris dans la masse, sous la déduction des sommes qu'ils auront reçues de la caution; la caution sera comprise dans la même masse pour tout ce qu'elle aura payé à la décharge du failli. (**Co.** 558 **s.**)

SECTION II.

Des Droits des Créanciers hypothécaires.

539. Lorsque la distribution du prix des immeubles sera faite antérieurement à celle du prix des meubles, ou simultanément, les seuls créanciers hypothécaires non remplis sur le prix des immeubles, concourront, à proportion de ce qui leur restera dû, avec les créanciers chirographaires, sur les deniers appartenant à la masse chirographaire. (**Co.** 520, 524, 543, 558 **s.**)

540. Si la vente du mobilier précède celle des immeubles et donne lieu à une ou plusieurs répartitions de deniers avant la distribution du prix des immeubles, les créanciers hypothécaires concourront à ces répartitions dans la proportion de leurs créances totales, et sauf, le cas échéant, les distractions dont il sera ci-après parlé. (**Co.** 558 **s.**)

541. Après la vente des immeubles et le jugement d'ordre entre les créanciers hypothécaires, ceux d'entre ces derniers qui viendront en ordre utile sur le prix des immeubles pour la totalité de leurs créances, ne toucheront le montant de leur collocation hypothécaire que sous la déduction des sommes par eux perçues dans la masse chirographaire.

Les sommes ainsi déduites ne resteront point dans la masse hypothécaire, mais retourneront à la masse chirographaire, au profit de laquelle il en sera fait distraction. (**Co.** 558 **s.**)

542. A l'égard des créanciers hypothécaires qui ne seront colloqués que partiellement dans la distribution du prix des immeubles, il sera procédé comme il suit :

Leurs droits sur la masse chirographaire seront définitivement réglés d'après les sommes dont ils resteront créanciers après leur collocation immobilière; et les deniers qu'ils auront touchés au-delà de cette proportion dans la distribution antérieure, leur seront retenus sur le montant de leur collocation hypothécaire, et reversés dans la masse chirographaire.

543. Les créanciers hypothécaires qui ne viennent point en ordre utile, seront considérés comme purement et simplement chirographaires. (Co. 558 s.)

SECTION III.

Des Droits des Femmes.

544. En cas de faillite, les droits et actions des femmes, lors de la publication de la présente loi, seront réglés ainsi qu'il suit. (Co. 557. — C. 1443 s., 1470 s., 1493, 1514 s., 1536 s., 1541 s., 1564.)

545. Les femmes mariées sous le régime dotal, les femmes séparées de biens, et les femmes communes en biens qui n'auraient point mis les immeubles apportés en communauté, reprendront en nature lesdits immeubles et ceux qui leur seront survenus par successions ou donations entre-vifs ou pour cause de mort. (Co. 548. — C. 1470 s., 1493 s., 1554, 1564.)

546. Elles reprendront pareillement les immeubles acquis par elles et en leur nom, des deniers provenant desdites successions et donations, pourvu que la déclaration d'emploi soit expressément stipulée au contrat d'acquisition, et que l'origine des deniers soit constatée par inventaire ou par tout autre acte authentique. (Co. 547 s. — C. 1402, 1493 s.)

547. Sous quelque régime qu'ait été formé le contrat de mariage, hors le cas prévu par l'article précédent, la présomption légale est que les biens acquis par la femme du failli appartiennent à son mari, sont payés de ses deniers, et doivent être réunis à la masse de son actif; sauf à la femme à fournir la preuve du contraire. (Co. 550. — C. 1402, 1404 s.)

548. L'action en reprise, résultant des dispositions des articles 545 et 546, ne sera exercée par la femme qu'à charge des dettes et hypothèques dont les biens seront grevés, soit que la femme s'y soit volontairement obligée, soit qu'elle y ait été judiciairement condamnée.

549. La femme ne pourra exercer, dans la faillite, aucune action à raison des avantages portés au contrat de mariage; et réciproquement, les créanciers ne pourront se prévaloir, dans aucun cas, des avantages faits par la femme au mari dans le même contrat. (Co. 553 s. — C. 1091 s., 1096 s., 1480, 1515 s.)

550. En cas que la femme ait payé des dettes pour son mari, la présomption légale est qu'elle l'a fait des deniers de son mari; et elle ne pourra, en conséquence, exercer aucune action dans la faillite, sauf la preuve contraire, comme il est dit à l'article 547.

551. La femme dont le mari était commerçant à l'époque de la célébration du mariage, n'aura hypothèque, pour les deniers ou effets mobiliers qu'elle justifiera par actes authentiques avoir apportés en dot, pour le remploi de ses biens aliénés pendant le mariage, et pour l'indemnité des dettes par elle contractées avec son mari, que sur les immeubles qui appartenaient à son mari à l'époque ci-dessus. (Co. 553 s. — C. 1472, 1493, 2121, 2135.)

552. Sera, à cet égard, assimilée à la femme dont le mari était commerçant à l'époque de la célébration du mariage, la femme qui aura épousé un fils de négociant, n'ayant, à cette époque, aucun état ou profession déterminée, et qui deviendrait lui-même négociant. (Co. 553 s. — C. 1472, 1493, 2121, 2135.)

553. Sera exceptée des dispositions des articles 549 et 551, et jouira de tous les droits hypothécaires accordés aux femmes par le Code civil, la femme dont le mari avait, à l'époque de la célébration du mariage, une profession déterminée autre que celle de négociant : néanmoins cette exception ne sera pas applicable à la femme dont le mari ferait le commerce dans l'année qui suivrait la célébration du mariage. (**C.** 2135.)

554. Tous les meubles meublans, effets mobiliers, diamans, tableaux, vaisselle d'or et d'argent, et autres objets, tant à l'usage du mari qu'à celui de la femme, sous quelque régime qu'ait été formé le contrat de mariage, seront acquis aux créanciers, sans que la femme puisse en recevoir autre chose que les habits et linge à son usage, qui lui seront accordés d'après les dispositions de l'article 529.

Toutefois la femme pourra reprendre les bijoux, diamans et vaisselle qu'elle pourra justifier, par état légalement dressé, annexé aux actes, ou par bons et loyaux inventaires, lui avoir été donnés par contrat de mariage, ou lui être advenus par succession seulement.

555. La femme qui aurait détourné, diverti ou recélé des effets mobiliers portés en l'article précédent, des marchandises, des effets de commerce, de l'argent comptant, sera condamnée à les rapporter à la masse, et poursuivie en outre comme complice de banqueroute frauduleuse. (**Co.** 597. — **C.** 1460, 1477. — **P.** 403.)

556. Pourra aussi, suivant la nature des cas, être poursuivie comme complice de banqueroute frauduleuse, la femme qui aura prêté son nom ou son intervention à des actes faits par le mari en fraude de ses créanciers. (**Co.** 597. — **P.** 403.)

557. Les dispositions portées en la présente section ne seront point applicables aux droits et actions des femmes acquis avant la publication de la présente loi. (**Co.** 544.)

CHAPITRE X.

DE LA RÉPARTITION ENTRE LES CRÉANCIERS, ET DE LA LIQUIDATION DU MOBILIER.

558. Le montant de l'actif mobilier du failli, distraction faite des frais et dépenses de l'administration de la faillite, du secours qui a été accordé au failli, et des sommes payées aux privilégiés, sera réparti entre tous les créanciers au marc le franc de leurs créances vérifiées et affirmées. (**Co.** 534 s., 539 s.)

559. A cet effet, les syndics remettront, tous les mois, au commissaire, un état de situation de la faillite, et des deniers existant en caisse; le commissaire ordonnera, s'il y a lieu, une répartition entre les créanciers, et en fixera la quotité.

560. Les créanciers seront avertis des décisions du commissaire et de l'ouverture de la répartition.

561. Nul paiement ne sera fait que sur la représentation du titre constitutif de la créance.

Le caissier mentionnera, sur le titre, le paiement qu'il effectuera; le créancier donnera quittance en marge de l'état de répartition.

562. Lorsque la liquidation sera terminée, l'union des créanciers sera convoquée à la diligence des syndics, sous la présidence du commissaire; les syndics rendront leur compte, et son reliquat formera la dernière répartition. (**Pr.** 527 s.)

563. L'union pourra, dans tout état de cause, se faire autoriser par le tribunal de commerce, le failli dûment appelé, à traiter à forfait des droits et actions dont le recouvrement n'aurait pas été opéré, et à les aliéner; en ce cas, les syndics feront tous les actes nécessaires.

CHAPITRE XI.

DU MODE DE VENTE DES IMMEUBLES DU FAILLI.

564. Les syndics de l'union, sous l'autorisation du commissaire, procèderont à la vente des immeubles suivant les formes prescrites par le Code civil pour la vente des biens des mineurs. (Co. 528. — C. 459. — Pr. 958 s.)[1]

565. Pendant huitaine après l'adjudication, tout créancier aura droit de surenchérir. La surenchère ne pourra être au-dessous du dixième du prix principal de l'adjudication. (Pr. 710 s.)

TITRE II.

DE LA CESSION DE BIENS.

566. La cession de biens, par le failli, est volontaire ou judiciaire. (C. 1265 s. — Pr. 898 s.)

567. Les effets de la cession volontaire se déterminent par les conventions entre le failli et les créanciers. (C. 1266 s.)

568. La cession judiciaire n'éteint point l'action des créanciers sur les biens que le failli peut acquérir par la suite; elle n'a d'autre effet que de soustraire le débiteur à la contrainte par corps. (C. 1268, 1270. — Pr. 800.)

569. Le failli qui sera dans le cas de réclamer la cession judiciaire, sera tenu de former sa demande au tribunal, qui se fera remettre les titres nécessaires : la demande sera insérée dans les papiers publics, comme il est dit à l'article 683 du Code de procédure civile. (Co. 635, n° 4. — Pr. 898 s.)

570. La demande ne suspendra l'effet d'aucune poursuite, sauf au tribunal à ordonner, parties appelées, qu'il y sera sursis provisoirement. (Pr. 900.)

571. Le failli admis au bénéfice de cession sera tenu de faire ou de réitérer sa cession en personne et non par procureur, ses créanciers appelés, à l'audience du tribunal de commerce de son domicile; et, s'il n'y a pas de tribunal de commerce, à la maison commune, un jour de séance. La déclaration du failli sera constatée, dans ce dernier cas, par le procès-verbal de l'huissier, qui sera signé par le maire. (Pr. 901.)

572. Si le débiteur est détenu, le jugement qui l'admettra au bénéfice de cession ordonnera son extraction, avec les précautions en tel cas requises et accoutumées, à l'effet de faire sa déclaration conformément à l'article précédent. (Pr. 902.)

573. Les nom, prénoms, profession et demeure du débiteur, seront insérés dans des tableaux à ce destinés, placés dans l'auditoire du tribunal de commerce de son domicile, ou du tribunal civil qui en fait les fonctions, dans le lieu des séances de la maison commune, et à la bourse. (Pr. 903.)

574. En exécution du jugement qui admettra le débiteur au bénéfice de cession, les créanciers pourront faire vendre les biens meubles et immeubles du débiteur, et il sera procédé à cette vente dans les formes prescrites pour les ventes faites par union de créanciers. (C. 1269. — Pr. 904.)

575. Ne pourront être admis au bénéfice de cession,

1° Les stellionataires, les banqueroutiers frauduleux, les personnes condamnées pour fait de vol ou d'escroquerie, ni les personnes comptables;

2° Les étrangers, les tuteurs, administrateurs ou dépositaires. (Co. 596, 613. — C. 1945, 2059. — Pr. 905. — P 379 s., 405.)

TITRE III.

DE LA REVENDICATION.

576. Le vendeur pourra, en cas de faillite, revendiquer les marchandises par lui vendues et livrées, et dont le prix ne lui a pas été payé, dans les cas et aux conditions ci-après exprimés. (Co. 448.)

[1] Les tribunaux civils sont seuls compétens, à l'exclusion des tribunaux de commerce, pour connaître de la vente des immeubles du failli, de l'ordre et de la distribution de prix. *Avis du Cons. d'Etat*, 3 octobre et 9 décembre 1810.

577. La revendication ne pourra avoir lieu que pendant que les marchandises expédiées seront encore en route, soit par terre, soit par eau, et avant qu'elles soient entrées dans les magasins du failli ou dans les magasins du commissionnaire chargé de les vendre pour le compte du failli. (**Co.** 93. — **C.** 2102, *n*° 4. — **Pr.** 826 **s.**)

578. Elles ne pourront être revendiquées, si, avant leur arrivée, elles ont été vendues sans fraude, sur factures et connaissemens ou lettres de voiture.

579. En cas de revendication, le revendiquant sera tenu de rendre l'actif du failli indemne de toute avance faite pour fret ou voiture, commission, assurance ou autres frais, et de payer les sommes dues pour mêmes causes, si elles n'ont pas été acquittées.

580. La revendication ne pourra être exercée que sur les marchandises qui seront reconnues être identiquement les mêmes, et que lorsqu'il sera reconnu que les balles, barriques ou enveloppes dans lesquelles elles se trouvaient lors de la vente, n'ont pas été ouvertes, que les cordes ou marques n'ont été ni enlevées ni changées, et que les marchandises n'ont subi en nature et quantité ni changement ni altération.

581. Pourront être revendiquées, aussi long-temps qu'elles existeront en nature, en tout ou en partie, les marchandises consignées au failli, à titre de dépôt, ou pour être vendues pour le compte de l'envoyeur : dans ce dernier cas même, le prix desdites marchandises pourra être revendiqué, s'il n'a pas été payé ou passé en compte courant entre le failli et l'acheteur. (**Co.** 593, *n*° 5.)

582. Dans tous les cas de revendication, excepté ceux de dépôt et de consignation de marchandises, les syndics des créanciers auront la faculté de retenir les marchandises revendiquées, en payant au réclamant le prix convenu entre lui et le failli.

583. Les remises en effets de commerce, ou en tous autres effets non encore échus, ou échus et non encore payés, et qui se trouveront en nature dans le portefeuille du failli à l'époque de sa faillite, pourront être revendiquées, si ces remises ont été faites par le propriétaire avec le simple mandat d'en faire le recouvrement et d'en garder la valeur à sa disposition, ou si elles ont reçu de sa part la destination spéciale de servir au paiement d'acceptation ou de billets tirés au domicile du failli.

584. La revendication aura pareillement lieu pour les remises faites sans acceptation ni disposition, si elles sont entrées dans un compte courant par lequel le propriétaire ne serait que créditeur; mais elle cessera d'avoir lieu, si, à l'époque des remises, il était débiteur d'une somme quelconque.

585. Dans les cas où la loi permet la revendication, les syndics examineront les demandes : il pourront les admettre, sauf l'approbation du commissaire; s'il y a contestation, le tribunal prononcera, après avoir entendu le commissaire.

TITRE IV.

DES BANQUEROUTES.

CHAPITRE Ier.

DE LA BANQUEROUTE SIMPLE.

586. Sera poursuivi comme banqueroutier simple, et pourra être déclaré tel, le commerçant failli qui se trouvera dans l'un ou plusieurs des cas suivans; savoir :

1° Si les dépenses de sa maison, qu'il est tenu d'inscrire mois par mois sur son livre-journal, sont jugées excessives;

2° S'il est reconnu qu'il a consommé de fortes sommes au jeu, ou à des opérations de pur hasard;

3° S'il résulte de son dernier inventaire que son actif étant de cinquante pour cent au-dessous de son passif, il a fait des emprunts considérables, et s'il a revendu des marchandises à perte ou au-dessous du cours;

4° S'il a donné des signatures de crédit ou de circulation pour une somme triple de son actif, selon son dernier inventaire. (**Co.** *Agens de ch., courtiers*, 89; *Peines*, 592, 600. — **P.** 402.)

587. Pourra être poursuivi comme banqueroutier simple, et être déclaré tel,

Le failli qui n'aura pas fait, au greffe, la déclaration prescrite par l'article 440;

Celui qui, s'étant absenté, ne se sera pas présenté en personne aux agens et aux syndics dans les délais fixés, et sans empêchement légitime;

Celui qui présentera des livres irrégulièrement tenus, sans néanmoins que les irrégularités indiquent de fraude, ou qui ne les présentera pas tous;

Celui qui, ayant une société, ne se sera pas conformé à l'article 440. (**Co.** 8 s., 468, 472, 516, 594.)

588. Les cas de banqueroute simple seront jugés par les tribunaux de police correctionnelle, sur la demande des syndics ou sur celle de tout créancier du failli, ou sur la poursuite d'office qui sera faite par le ministère public. (**Co.** 523, 524. — **I. Cr.** 179 s. — **P.** 402.)

589. Les frais de poursuite en banqueroute simple seront supportés par la masse, dans le cas où la demande aura été introduite par les syndics de la faillite. (**Co.** 528. — **I. Cr.** 194.)

590. Dans le cas où la poursuite aura été intentée par un créancier, il supportera les frais, si le prévenu est déchargé; lesdits frais seront supportés par la masse, s'il est condamné. (**I. Cr.** 194.)

591. Les procureurs du Roi sont tenus d'interjeter appel de tous jugemens des tribunaux de police correctionnelle, lorsque, dans le cours de l'instruction, ils auront reconnu que la prévention de banqueroute simple est de nature à être convertie en prévention de banqueroute frauduleuse. (**I. Cr.** 202, 205.)

592. Le tribunal de police correctionnelle, en déclarant qu'il y a banqueroute simple, devra, suivant l'exigence des cas, prononcer l'emprisonnement pour un mois au moins, et deux ans au plus.

Les jugemens seront affichés en outre, et insérés dans un journal, conformément à l'article 683 du Code de procédure civile. (**Co.** *Réhabilit.*, 613. — **P.** 402.)

CHAPITRE II.

DE LA BANQUEROUTE FRAUDULEUSE.

593. Sera déclaré banqueroutier frauduleux tout commerçant failli qui se trouvera dans un ou plusieurs des cas suivans; savoir :

1° S'il a supposé des dépenses ou des pertes, ou ne justifie pas de l'emploi de toutes ses recettes;

2° S'il a détourné aucune somme d'argent, aucune dette active, aucunes marchandises, denrées ou effets mobiliers;

3° S'il a fait des ventes, négociations ou donations supposées;

4° S'il a supposé des dettes passives et collusoires entre lui et des créanciers fictifs, en faisant des écritures simulées, ou en se constituant débiteur, sans cause ni valeur, par des actes publics ou par des engagemens sous signature privée;

5° Si, ayant été chargé d'un mandat spécial, ou constitué dépositaire d'argent, d'effets de commerce, de denrées ou marchandises, il a, au préjudice du mandat ou du dépôt, appliqué à son profit les fonds ou la valeur des objets sur lesquels portait soit le mandat, soit le dépôt;

6° S'il a acheté des immeubles ou des effets mobiliers à la faveur d'un prête-nom;

7° S'il a caché ses livres. (**Co.** *Livres*, 14, 463; *Cont. de mar.*, 69; *Commissionn.*, 95 s., 581; *Bilan*, 472; *Complice*, 597; *Action civ.*, 600. — **C.** 1927, 1987, 1996. — **P.** 402.)

594. Pourra être poursuivi comme banqueroutier frauduleux, et être déclaré tel,

Le failli qui n'a pas tenu de livres, ou dont les livres ne présenteront pas sa véritable situation active et passive;

Celui qui, ayant obtenu un sauf-conduit, ne se sera pas représenté à justice. (**Co.** *Livres*, 8 s.; *Sauf-conduit*, 468, 516; *Banq. simple*, 587.)

595. Les cas de banqueroute frauduleuse seront poursuivis d'office devant les cours d'assises, par les procureurs du Roi et leurs substituts, sur la notoriété publique, ou sur la dénonciation soit des syndics, soit d'un créancier. (**I. Cr.** 63 s., 274.)

596. Lorsque le prévenu aura été atteint et déclaré coupable des délits énoncés dans les articles précédens, il sera puni des peines portées au Code pénal pour la banqueroute frauduleuse. (**Co.** 599, 612. — **P.** 402.)

597. Seront déclarés complices des banqueroutiers frauduleux et seront condamnés aux mêmes peines que l'accusé, les individus qui seront convaincus de s'être entendus avec le banqueroutier pour recéler ou soustraire tout ou partie de ses biens meubles ou immeubles; d'avoir acquis sur lui des créances fausses, et qui, à la vérification et affirmation de leurs créances, auront persévéré à les faire valoir comme sincères et véritables. (**Co.** 555. 593, 598, 600. — **P.** 59 s., 403.)

598. Le même jugement qui aura prononcé les peines contre les complices de banqueroute frauduleuse, les condamnera,

1° A réintégrer à la masse des créanciers, les biens, droits et actions frauduleusement soustraits;

2° A payer, envers ladite masse, des dommages-intérêts égaux à la somme dont ils ont tenté de la frauder.

599. Les arrêts des cours d'assises contre les banqueroutiers et leurs complices, seront affichés, et de plus insérés dans un journal, conformément à l'article 683 du Code de procédure civile. (**Co.** 612.)

CHAPITRE III.

DE L'ADMINISTRATION DES BIENS EN CAS DE BANQUEROUTE.

600. Dans tous les cas de poursuites et de condamnations en banqueroute simple ou en banqueroute frauduleuse, les actions civiles, autres que celles dont il est parlé dans l'article 598, resteront séparées; et toutes les dispositions relatives aux biens, prescrites pour la faillite, seront exécutées sans qu'elles puissent être attirées, attribuées ni évoquées aux tribunaux de police correctionnelle ni aux cours d'assises. (**Co.** 528.)

601. Seront cependant tenus les syndics de la faillite, de remetire aux procureurs du Roi et à leurs substituts, toutes les pièces, titres, papiers et renseignemens qui leur seront demandés.

602. Les pièces, titres et papiers délivrés par les syndics, seront, pendant le cours de l'instruction, tenus en état de communication par la voie du greffe; cette communication aura lieu sur la réquisition des syndics, qui pourront y prendre des extraits privés ou en requérir d'officiels qui leur seront expédiés par le greffier.

603. Lesdites pièces, titres et papiers, seront, après le jugement, remis aux syndics, qui en donneront décharge ; sauf néanmoins les pièces dont le jugement ordonnerait le dépôt judiciaire.

TITRE V.

DE LA RÉHABILITATION.

604. Toute demande en réhabilitation, de la part du failli, sera adressée à la cour royale dans le ressort de laquelle il sera domicilié. (**Co.** 83, 526, 531, 612 s. — **I. Cr.** 119 s.)

605. Le demandeur sera tenu de joindre à sa pétition les quittances et autres pièces justifiant qu'il a acquitté intégralement toutes les sommes par lui dues en principal, intérêts et frais.

606. Le procureur général près la cour royale, sur la communication qui lui aura été faite de la requête, en adressera des expéditions, certifiées de lui, au procureur du Roi près le tribunal d'arrondissement, et au président du tribunal de commerce du domicile du pétitionnaire, et, s'il a changé de domicile depuis la faillite, au tribunal de commerce dans l'arrondissement duquel elle a eu lieu, en les chargeant de recueillir tous les renseignemens qui seront à leur portée, sur la vérité des faits qui auront été exposés.

607. A cet effet, à la diligence tant du procureur du Roi que du président du tribunal de commerce, copie de ladite pétition restera affichée, pendant un délai de deux mois, tant dans les salles d'audience de chaque tribunal, qu'à la bourse et à la maison commune, et sera insérée par extrait dans les papiers publics.

608. Tout créancier qui n'aura pas été payé intégralement de sa créance en principal, intérêts et frais, et toute autre partie intéressée, pourront, pendant la durée de l'affiche, former opposition à la réhabilitation, par simple acte au greffe, appuyé de pièces justificatives, s'il y a lieu. Le créancier opposant ne pourra jamais être partie dans la procédure tenue pour la réhabilitation, sans préjudice toutefois de ses autres droits.

609. Après l'expiration des deux mois, le procureur du Roi et le président du tribunal de commerce transmettront, chacun séparément, au procureur général près la cour royale, les renseignemens qu'ils auront recueillis, les oppositions qui auront pu être formées, et les connaissances particulières qu'ils auraient sur la conduite du failli ; ils y joindront leur avis sur sa demande.

610. Le procureur général près la cour royale fera rendre, sur le tout, arrêt portant admission ou rejet de la demande en réhabilitation ; si la demande est rejetée, elle ne pourra plus être reproduite.

611. L'arrêt portant réhabilitation sera adressé tant au procureur du Roi qu'au président des tribunaux auxquels la demande aura été adressée. Ces tribunaux en feront faire la lecture publique et la transcription sur leurs registres.

612. Ne seront point admis à la réhabilitation, les stellionataires, les banqueroutiers frauduleux, les personnes condamnées pour fait de vol ou d'escroquerie, ni les personnes comptables, telles que les tuteurs, administrateurs ou dépositaires, qui n'auront pas rendu ou apuré leurs comptes. (**Co.** 83, 575, 596. — **C.** 1945, 2059. — **P.** 379 s., 405.)

613. Pourra être admis à la réhabilitation le banqueroutier simple qui aura subi le jugement par lequel il aura été condamné. (**Co.** 592.)

614. Nul commerçant failli ne pourra se présenter à la bourse, à moins qu'il n'ait obtenu sa réhabilitation. (**Co.** 71.) [1]

[1] Tout failli non réhabilité ne peut être admis à l'escompte. — Il sera tenu un registre où seront inscrits les noms des commerçans qui ont fait faillite. Ce registre contiendra la date ou l'époque de ces faillites, l'époque de la réhabilitation si elle a lieu. (*Décret* 16 janvier 1808, sur la banque de France, *art.* 50, 51.)

TABLE DE L'APPENDICE,

CONTENANT L'ANCIEN TEXTE

DU LIVRE TROISIÈME DU CODE DE COMMERCE.

DES FAILLITES ET DES BANQUEROUTES.

FIN DE LA TABLE.

ERRATA.

Art. **69.** *Au lieu de* : (**Co.** 4, 5, 7, 67 s., 603. — **Pr.** 872. — **P.** 402, 403.)

Remplacez par la conférence suivante :

(**Co.** 67, 586. — **P.** *Banqueroute simple*, 402.)

www.ingramcontent.com/pod-product-compliance
Ingram Content Group UK Ltd.
Pitfield, Milton Keynes, MK11 3LW, UK
UKHW020231220726
13923UKWH00002B/601